# 続・入試制度廃止論

—認知心理学基軸—

横山多枝子

せせらぎ出版

# まえがき

「そんな親ならいらない！」

ある日、夕飯の支度をしているとき、悲痛な叫び声を聞く。まるで腹の底から直接に発せられたようなその声はテレビからであった。思わず包丁を持ったまま、テレビの前に立つと、中学生ぐらいの男の子が、両親やら教育コンサルタントらしき人に囲まれて、身をよじらせて泣き呻いていた。乾いた唸りとも、湿った呼気とも……、いえるような、そんな腹の底からの呻きに交じって、聞こえてきた言葉は、「中学受験……、中学受験……、って、ばっかり……！」だった。

声の質にもいろいろある。楽しいときに発せられる声は軽く高く弾むし、悲しいときは重く低く沈む。しかし、そのとき聞いた声の質は、単に悲しいとか、悔しいとか、怒りとか、そんな単純なものではなく、別ものだった。別ものではあるが、聞いたことがないわけではない。私自身、思い返せば、過去に一度きりだけだったが、自分の口から発せられたのを聞いたことがある。

私の場合の最初で最後のこころの叫びは、「わたしは、おまえのものじゃない！　わたしは、わたしのものだ！」であった。これは親に向けられたものではなく、二十数年もの結婚生活に向けられたものであったが、否定され続けてきた自我をとりもどす、つまり自我回復の叫びであったと思う。

こころの痛みとか悩みという心情は、それが軽い種類のものであれば、他者へと打ちあけて、つまり外へと解放させることにより、ある程度は癒される場合もあるが、打ちあけられない種類の心情というものがある。

打ち明けられない心情のなかには、家族を原因とするこころの痛みが含まれる。家族を原因とした場合、特に悲惨なのが、生計のすべてを家族に依存している子どものこころの痛みである。しかも、子どもは、親子の愛情が絡むから、自分のこころの痛みを容易に表出させるわけにはいかないということを知っている。表出させないかわりに、こころの奥底に蓄積させることになる。あるいは、親への絶対的信頼（親が自分に悪いことをするわけがない）から、痛みを痛みとして自覚しないままに、こころの奥底に蓄積させてしまう場合もある。

いずれにせよ、表出されなかったこころの痛みは、こころの奥底に蓄積される。そして、子どもの身体が成長したとき、成長して増大したエネルギーは、その蓄積されたものを解放させるために使用される。その解放の方向が自身に向けば、自傷や自殺、他者に向けば、傷害や殺人であろう。それらの一歩手前が引きこもりや家庭内暴力である。もちろん、そういう悲惨な出来事を起こすことなしに、うまく解放させるこころもある。

くわえて、こころが病めば、自律神経に何らかの影響を与え、器質的な異常がなくても、身体に何らかの支障がおきることは、すでに知られている事実である。したがって、こころの痛みは、もはや精神論で片付くものではなく、けして軽視されてはならない痛みなのである。ちなみに、私の場合は、ある日突然、顎関節症になった。

さて、テレビから流れてきた悲痛な叫びのはなしにもどる。中学受験という受験戦争に参加する子どもが悪いのか、その戦争に参加することを強制した親が悪いのか？　たしかに責任は親にある。しかし、「親が悪い」と二者択一的に決着してしまうことは賢明ではない。何故なら、親は子どもの幸せを信じて受験戦争に送りこんでいるわけであり、けして、子どもの自我をずたずたにしよう、子どもを不幸にしようとしてそうしているわけではないからである。すなわち、わが子を好んで受験戦士にする親の背後にあるもの、つまり、親を駆り立てている社会的背景を追及せずして、何ひとつ解決するわけがないのである。

社会を形成する要素は複数であり、それらは複雑に絡み合っている。社会がその成員に加える強制力は、その成員自身の個人的事情によっても違う。たとえば、経済的に裕福な家庭なら中学受験の戦士として送り込まれる心配はあるが、学歴社会への参加札は手に入るだろう。逆に、貧しい家庭なら受験戦士として送り込まれる心配はないが、学歴社会への参加札は手に入らないかもしれない。あるいは、社会の風潮に惑わされない賢明な親だっていないことはない。だから、教育制度という社会的環境が変わったからといって、それですべてが解決というわけではない。

しかし、そうだからといって、放置されていていいというものでもない。ある社会的環境がその社会の成員を病ませるということが明らかになった時点で、その環境をただちに改善するのが、その社会に住む人間の叡智である。たとえば、ある地域である感染病がはやったとする。細菌やウイルスの感染力は人々に同等に機能するが、発病する人もいれば発病しない人もいる。罹患する条件が栄養状態による抵抗力や防疫環境等によってそれぞれ違うからである。このようなとき、発病しない人がいるからといって、その感染病は放置されるだろうか？　もちろん、人々はその感染病の撲滅のために何らかの手段を講じるだろう。したがって社会の成員に負の影響を及ぼす社会的環境は、たとえそれが感染病でなくても、ただちに改善されなければならない。これがその社会に住む人々全員を幸福にする原則である。

かつて運営していた拙サイトをたまたま訪れた進学校に通う高校生が次のようなコメント（悲痛な叫び）を残してくれた。

このサイトを見つけたきっかけはGoogleで「人を殺す」で検索をかけたからです。何を調べたかったのか、よく分かりません。なんとなくです。でも、それで出てきたこのサイトの文を読んで、世の中まだ分かってくれる人はいる。そう思えて気持が楽になりました。

この高校生が「人を殺す」というワード（word）検索でたどり着いたというサイトは、私が拙ホームページ「入試制度廃止論」内で発表していた論文「理由もなく人を殺す理由がある時代」を載せていたページである。もちろん、人を殺すことを推奨する論文ではない。「無差別殺人」と「社会へ向けられる怨恨」との関連性を述べた論文である。左記はその一部である。

入試が控えているからと、子どもたちは物心つくそうそう机の前に座らされます。記憶したり計算したりテストのために頭脳は働きます。しかし、記憶や計算だけでは頭脳のなかのこころの部分は成長するための必要な刺激を受けません。逆に、遊ぶことを制限されて嫌いな勉強を強制された脳はこころの成長の部分に負の刺激を与えることになります。

しかも彼らは、入試を絶対視している社会から、〈入試に落ちたら人生まっくらやみ〉と常に強迫観念を受けています。他人が受かるということは自分が落ちるということですから、友人や隣人は実は敵だったのだという不信感がうまれます。さらに悪いことは、入試という観念に害された親が彼らの前に立ちはだかっています。こんな環境に囲まれた彼らのこころに柔軟性と均衡性を備えろと要求する社会のほうが間違っています。彼らのこころは、いつ切れても不思議のないぼろぼろのゴムなのです。

無意識にしろ、社会から優しく扱われていない彼らが社会を憎むようになるのは当然の帰結です。消極的なかたちで現われるのが、嫌悪の対象でしかない社会と接触を絶つ自殺やひきこもりです。攻撃的なかたちで現われるのが暴力や咄嗟的殺人です。彼らにとっての社会とは概念上のものではありません。両親であり、家族であり、友人であり、隣人であり、先生であり、学校であり、突きつめれば、道を通っているときすれ違ったあなたです。彼の憎しみがたまたま今すれ違ったあなたに向けられても、それは彼自身のこころが生き残るための痛ましいほどのこころの叫びなのです。

何人の高校生が拙サイトにたどりつき、「理由もなく人を殺す理由がある時代」を読んでくれたかは分からない。

同感者はコメントを残してくれた高校生だけかもしれない。が、だからといって、私はこの一つのコメントを粗末に扱ってはならないと思う。何故なら、たった一つの意思表示であろうとも、その陰には、社会の不条理なシステムに苦悩しているしかし意思表示できない子どもたちが数多く隠れていると想像するからである。

くわえて、ここで私が問題にするのは、「人を殺す」という言葉がこの高校生の脳裏を、意識的であれ無意識的であれ、よぎったということである。もちろん、脳裏によぎった言葉が即実行へとつながるわけではない。つながるのであれば、すでに私自身だって何人も殺しているだろう。しかし、たとえ一瞬であれ死ねばいいと思う対象がいるからこそ、その言葉が脳裏に浮かんだことも事実であろう。

直接に危害を及ぼしてくる人間に対する殺意なら容易に理解されるが、見も知らぬ人間への殺意が理解されることは難しい。何故なら、「人を殺す」直接的かつ明白な動機が事件の周辺に見あたらないからである。しかし、殺すほうには何らかの動機が確実にあるはずである。動機が即行動へと移行することはないにしても、動機が存在するからこそ行動が存在するからである。

このことを、コメントを残してくれた高校生を例にとって考えると次のようになる。「人を殺す」という言葉をウエブで検索をかけた。これが行動である。高校生が言う動機は「なんとなく」である。これが行動と動機の表層的関連である。しかし、これはあくまでも表層的な動機と行動との関連である。

厄介なのは奥に潜む「人を殺す」という言葉を脳裏によぎらせた「深層的な何か」である。何が厄介かって？　人間の脳内でおきていることなのに、人間には手におえないからである。そしてさらに厄介なことは、この深層的な何かは、究極的に追い詰められ逃げ場を失ったとき、人間に一線を越えた行動をとらせてしまうことである。したがって、この「深層的な何か」、つまり高校生に「なんとなく」と言わせた深層にあるものこそが、目に見えないが確実に存在する真の動機だと、私は考えるのである。そして、この目に見えない動機を探ることこそが、私がこの本を書く動機でもあると再認識するのである。

「深層的な何か」とはまさしく人間の情の部分である。だからこそ、フリーマン・ダイソンの言葉「人間性の複雑さの源は、知性にではなく情緒にある」に共感してやまないのである。

> 人間性の複雑さの源は、知性にではなく情緒にある。知的能力が目的を達成する手段なら、何を目的とすべきかを決定するのが情緒である。…中略…。情緒の歴史は知性のよりも古く、その根ざすところは深い。情緒を司るとされる大脳辺縁系は、知性を司る大脳皮質よりも古い（『ガイアの素顔』フリーマン・ダイソン／工作舎／369頁）。

知的能力だけを子どもたちに求め、学びの目的さえも、受験突破のための知的能力の蓄積にしてしまう、そんな情緒の涵養がおきざりにされた受験のための教育をいますぐに止めて、受験のためではない、生きていくための冷静な判断力を養う教育が必要なのである。

こういう教育は、点数絶対主義の競争原理の環境、つまり入試でがんじがらめの今の教育制度のもとでは実現されることはけしてない。けして実現されてこなかったことは、自傷、自殺、親殺し、子殺し、理由のない殺人……と、日本社会の現状が示しているとおりである。

自傷、自殺、親殺し、子殺し、理由のない殺人等を引き起こさせる負のエネルギーを子どもたちに蓄積させているものとして、日本の教育制度が大きな一因となっているのであれば、その一因は取り除かれなければならないと、私は考える。教育は、文化そのものであり、そして文化の創設者でもある。未来を背負う子どもたちに、「そんな親ならいらない！」……こんな悲鳴を出させておいて、なにが文化国家か、と私は言いたい。

すべての個性が芽吹き、花を咲かせることができる社会的環境を整えることこそが、平和かつ成熟した社会を築くための人間の英知である。しかし、この英知を育てるのも、また教育であることが、入試制度でがんじがらめの日本が教育的貧困から立ち直れない所以でもある。

目次

## 第三部　入試制度文化

――入試制度が生む集団認知システム（言語・信仰・習慣／慣習）

# 続・入試制度廃止論

## ――認知心理学基軸――

# 序章　認知心理学の概要と、この学問を論証基軸に選んだ理由

これから認知心理学を基軸に入試制度の弊害を論じていくとはいえ、私は認知心理学の専門家ではない。米国の大学で、言語学（私の専攻）修得の一貫として認知心理学の授業を受けたとき、大まかにこの学問を理解したにすぎない。よって、私はこの本のなかで、認知心理学そのものについて論じることはできないし、論じるつもりもない。この本は認知心理学の専門書でも学習書でもないことを予め断っておく。

## 認知心理学（cognitive psychology）という学問の概要

認知心理学（cognitive psychology）という学問が初めて産声をあげたのは、一九五六年九月十一日のマサチューセッツ工科大学における学際的シンポジュームのときで、この学問がほぼ完成されたと見なされたのは、一九六七年、ナイサー（Ulric Neisser）が「Cognitive psychology／認知心理学」というタイトルの教科書を出版したときである。

では、認知心理学とはどういう学問なのか？　米国誕生の学問であるならば、その定義を英語圏の百科事典から引くのが理にかなっている。

Cognitive psychology is the psychological science which studies cognition, the mental processes that are hypothesized to underlie behavior. [http://en.wikipedia.org/wiki/Cognitive_psychology2005/09/17]

そのまま翻訳すると、「認知心理学とは（生物の）行動・習性の基礎になると仮説されているこころの働きの過程つまり**認知・認識**を研究する心理学的学問である」となる。この学問に詳しい人々には的を射た定義文かもしれないが、この学問に疎い人々には、分かったような、しかしほとんど分からない文かもしれない。そこで、単語「underlie」の意味に着目する。英和辞典によると、この単語の意味は①「〈～の〉下にある／横たわる」②「〈～の〉基礎となる／底に潜む」である。つまり「underlie」という英単語を日本語にしてしまうと動詞の「lie／横たわる」あるいは「base／基礎づける」程度の意味しかなくなるが、英英辞典で調べると、非常に特定な意味をもつ単語だということが判る。

「underlie」の意味は「to be a hidden cause of or strong influence on something/何かの隠れた原因になること、あるいは何かに対する強い影響力になること」である。したがって、「underlie」の意味に注目して定義文を私なりに翻訳しなおすと次のようになる。

認知心理学とは、（生物の）行動・習性をおこす隠れた原因や強い影響力はこころの働きの過程つまり**認知・認識**にあると仮定し、この**認知・認識**を研究する心理学的学問である。

では、**認知・認識**（cognition）とは何か、同百科事典に載るナイサーの言葉からひく。

…the term "cognition" refers to all processes by which the sensory input is transformed, reduced, elaborated, stored, recovered, and used. It is concerned with these processes even when they operate in the absence of relevant stimulation, as in images and hallucination…Given such a sweeping definition, it is apparent that cognition is involved in everything a human being might possibly do; that every psychological phenomenon is a cognitive phenomenon.

前記を訳すと次のようになる。ところで、学術的専門用語の「認知・認識」は、私たちが普通に使用する日常語と区別するために、以後、**太字**にする。

　認知・認識という専門用語は、感覚（知覚）入力が変換され、整理され、精巧に作り上げられ、保管（記憶）され、再生され、そして使用されることによっておこるすべての過程を指す。イメージや幻覚におけるような直接的刺激がないときに作用する過程も**認知・認識**と関わっている。このような大雑把な定義が与えられてはいるけれども、**認知・認識**は人間が行うかもしれないすべてのことと関わりをもっていることは明白であり、すべての心理的現象は**認知・認識**現象なのである。

**認知・認識**の意味を把握したところで、私なりに、認知心理学を簡単に理解すると次のようになる。生物の行動・習性を左右するのは、その生物に入力され、変換され、整理され、精巧に作り上げられ、保管（記憶）され、再生され、そして使用される過程である、つまり**認知・認識**である。これを人間にあてはめると、生まれてから、いや最近の研究では、胎児は母親の話した音を聞いて学習し、言葉と他の音を区別できる［日経サイエンス二〇〇三年十二月号　66頁］という説もあるから、脳が成長していくある時点からの**認知・認識**がその人間の行動・習性を左右するということになる。

　では、脳が**認知・認識**するためには何が必要か？　外界からの刺激情報のすべてであろう。そして外界とは脳をとりまく環境である。したがって、環境が脳を教育しようという意図があろうとなかろうと、生まれてきた脳にとっては、環境そのものが教育（家庭教育、学校教育、社会教育）の場になるということである。

生まれたての子を外界からの刺激情報のすべてから遮断して育てたら、その子はどのように育つだろうか？長じたその子は人間の子としての特性を示すだろうか？　おそらく体つきは人間であっても、人間としての特性は示さないであろうことは、容易に想像できる。

次に、この学問の一部を具体的に理解してみる。認知心理学には「情は知に先行する」という理論がある。この理論を説明するために、私が履修した認知心理学の教科書には、絵の解説づきで、次のようなことが書いてあった。山中の一本道を歩くあなたの前に一本の細長い紐が横たわっていたとする。蛇嫌いでない人でも、「蛇かな」とまず警戒し、そのあと、「なんだ、縄か」と情報処理して警戒をとく。前者の警戒したこころが「情」で、後者の適切な情報処理をしたこころが「知」である。すなわち、「情」は生物が生きのびてゆくための生来の**認知・認識**能力であり、「知」は生まれてから学んでゆく**認知・認識**能力、つまり情報処理能力だというのである。

認知心理学は、人間に実験課題を与え、その結果から情報処理モデルを構築する、つまり心理学を科学化することからはじまり、脳機能の画像化技術の発展とともに、いろいろの脳科学と出会い融合してきた。現在では、「知」は脳の何処で反応し、「情」は脳のどこで処理するのか、情報刺激は脳のどこを刺激し、どこを媒介して、**認知・認識**は生じるのか、というような脳科学としての側面が強調されているが、認知心理学の本筋は、左記のナイサーの言葉のように、人間のこころ（脳）は、それをとりまく環境とどう関わりあって活動し、そしてどう適応していくのか、こころそのものを見つめることである。すなわち、次の傍線部分を究明する学問であろう。

知覚者としての人間は常に環境の情報を取り込んでいる。行為者としての人間は常に環境に働きかけ、それによって新たな情報を生成している。社会的動物としての人間は自分の意図と感情を他者に伝達し、他者のもたらすそれらの情報に応答する。言語的な動物としての人間は、隔絶した時間と空間を超えて抽象的な観念についての情報をやりとりする。これらすべてはいかにして行われるのか（『認知心理学——知のアーキテクチャを探る』道又爾・他五名／有斐閣アルマ／24頁）

## 認知・認識は環境から

ナイサーの言葉を借りれば、知覚者としての子どもたちは常に環境の情報を取り込み、行為者の子どもたちは常に環境に働きかけ、それによって新たな情報を生成している。したがって、子どもたちが生れ落ちる環境そのものが、子どもたちの行動・習性を形付ける最も重要な決め手となる。ついでに、子どもたちはいつまでも子どものままではない。身体だけなら十五年も経てば立派な大人になる。そして、彼らは社会を形成していく。子どもたちを囲む環境を真摯に考えなければならない理由がここにある。

環境が重要なことが判ったところで、次に考えるべきは環境の種類である。環境にも、家庭環境、地域・社会環境、教育環境といろいろある。最近ではゲームやインターネットという仮想空間的な情報環境も加わった。これら各種の環境は他の環境と隔離して別々に存在しているわけではなく、すべてが混在しあって、一人の子どもの環境を形成しているのである。混在の仕方は、それぞれ少しずつ異なったり、あるいは大きく異なったりと、子どもが百人いたら百通りある。たとえば、裕福な家庭の子どもの環境と、そうでない家庭の子どもの環境とは、良い悪いは別にして、大きく違う。子どもを取り囲む環境は、親の教育姿勢やイデオロギーによっても違ってくる。兄弟姉妹のなかで育つ環境もあるし、一人っ子で育つ環境もある。

わが子をどういう環境で育てたいという選択肢は親や家庭にある。これが個人的環境である。親でも選択の余地がないのが憲法や各種法律や教育制度等の社会的環境である。理不尽なのは、実際に育てられる子どもたちには両環境ともにその選択肢がないということである。

## 正と負の社会的環境

次に考えるべきは、個人的環境と社会的環境との位置関係である。そして、どちらのほうが、どちらにより強く影響を与えるかである。これは日本が戦争に突き進んでいった状況を考えたら判る。〈お国のために〉と人々を戦争の地獄に陥れた歴史的事実をふりかえれば、社会的環境とはどういうものなのかおのずと判るはずである。〈お国のために〉が社会的環境であり、この社会的環境が、日本に住むすべての人々の個人的環境を呑み込んだ。すなわち、影響力や支配力に関しては社会的環境のほうが個人的環境より強いのである。換言すれば、個人的環境のうえに傘のように覆っているのが社会的環境である。

この傘は、私たち一般市民を雨風から護ってくれる場合もあるが、傘の種類によっては、私たち一般市民の生命の維持に必要な太陽を遮断する場合もある。具体的な例では、前者の傘は国民主権を保障する日本国憲法であり、後者の傘は、国の統治者は天皇であり、国民は天皇の臣民であると宣言していた大日本帝国憲法（明治憲法）である。

日本国憲法下では、他国の人々の命もふくめて人の命が国からとりあげられることはかつて一度もない。それは、日本国憲法が人の命を護る法規だからである。しかし、明治憲法下では国民は天皇の臣民つまり天皇に仕える民であり、天皇が戦争に行けといえば、国民は行かなければならなかった。おまえの息子を戦場に送れと言われれば、親は逆らうことはできなかった。赤紙（召集令状）到来と同時に、子どもの命は国の所有物になったのである。この息子は病気がちな父親のかわりに生計を支えている、などという個人的環境は、いやどんな個人的環境も召集を拒否できる理由にはならなかった。

こんな不条理な明治憲法ではあっても、それが生まれたときから存在する環境ならば、その存在を普通として不思議にも思わず、人々は涙を流しながらも、その環境の傘の下で生きてきたというのも事実である。すなわち、人々にその存在を意識させないで、存在するのが社会的環境なのである。よって、私は、日本国憲法のように正しい方向に人々を導く社会的環境を、「正の社会的環境」と呼び、明治憲法のように間違ったつまり負の方向に人々を導く社会的環境を「負の社会的環境」と呼ぶことにする。

## 入試制度は負の社会的環境

そこで次の疑問が発生する。今日の日本の子どもたちの、いや親世代をもふくめて、彼らの個人的環境の上に、その存在を意識させずに存在する社会的環境としての日本の教育制度は正なのか負なのかという疑問である。この疑問に対して私は、入試制度をもった日本の教育制度は、平等に照らされるべき太陽の光をさえぎっている負の社会的環境であると断言する。入試制度は高校入学時点で、優先権をもった子どもたち以外を排除し、突き落とし、やり直しのチャンスを二度と与えない負の社会的環境であると。（私が定義づける秀才とは、「日本式受験選抜方式に適応した機械的記憶力にたける能力を持つゆえに有名大学卒業という優先権を得ることができる者［入試制度廃止論　4頁］」である。）

もちろん、個々の脳の**認知・認識**のありようは環境だけでは測れない。脳はそれ自体の遺伝子をもって生まれてくるからである。まったく同じ刺激情報でも、その刺激を受け取る受容体（遺伝子）が違えば、**認知・認識**のありようも違ってくるはずだからだ。

しかし、環境が無ければ遺伝子は無力だということも事実である。遺伝子は環境のなかにおかれて初めて、発達への過程の決定権を得るのである。したがって、昔から言うような、生まれか育ちかという二者択一の考え方ではなく、人の形成は両者の相互作用からなるのであり、どちらが欠けても、人の形成はありえないと考えるべきなのである。

そこで次に考えるべきは、遺伝子と環境と、どちらがより強く認知・認識に影響を与えるかである。遺伝子と環境とでは、どちらがより強く影響するのか割合を測るような遺伝率という統計値はあるらしいが、私の論をすすめるにあたっては、この統計値は条件に含めないことにする。何故なら、個人の遺伝子というものは、人知で操作する性質のものではないからである。もちろん、遺伝子組み換えやステム細胞による治療法等と、遺伝子の研究は想像以上にすすんでいるらしいが、教育がするべきことは、遺伝子に触れることではなく、もって生まれてきた遺伝子がよりよく発達するような環境を整えることだからである。

点数化できる部分のみで測られる日本式学力というものを私は信じないが、「学力」とは文字どおりの「学ぶ力」と捉えて、学力に影響する遺伝子を考えると、私の考え方は次のようになる。親から受けつぐ遺伝子は、すべてそれぞれその子に特有の個性であるゆえに、そして、どんな特性をもった遺伝子を受け継ぐかという選択肢は子ども自身にはないゆえに、「学ぶ力」は「表層的な優劣（テストの点数）」をもって測られるべきではない。特に問題なのは、平均寿命八十歳以上と、昔と比べて私たちの人生がこんなにも長くなった現在でも、たった一五〜一六歳、あるいは二十歳前後で表層的な優劣つまり受験学力で、人生の選択肢が狭まれることである。この観点においても入試制度は負の社会的環境なのである。

## こころは遺伝子と環境との相互作用の結果

では、人のこころを作るのに、遺伝子と環境は互いにどのような関係にあるだろうか？　この疑問をある程度解決するために『心を生みだす遺伝子』（ゲアリー・マーカス（Gary Marcus）著・大隈典子訳）の第一章「どちらが勝るわけでなし」から、三つの文を抜粋する。

㈠　動物を用いた研究から、行動や性格の一部は遺伝することが示されているのである（前にも触れたイヌの血統の例や、マウス遺伝学者がウディ・アレンのような心配性のネズミの系統を作った研究のように）。また、双子の研究から再三示されているように、人は（一卵性双生児のように）共通な遺伝子が多ければ多いほど、（二卵性双生児のように）そうでないよりも、肉体的な特質のみならず、性格や知性でも、およそ測ることのできるあらゆる精神的特質について、より似るのである。（4頁）

(二) 遺伝子は環境がなければ役に立たず、生き物は遺伝子がなければ環境にうまく対応することができない（9頁）

(三) 私の結論としては、生まれは新生児にかなり複雑な脳を授けてはいるが、**その脳は予備配線されている――融通がきき、変化しうる――と見なすのが適切であり、固定されて不変の配線であると見なすべきではない。**（17頁）

前記の抜粋文を整理すると、次のことが言えるのではなかろうか。行動や性格（こころ）の形成に遺伝子が深く関わっていることは、現代科学により、すでに明白である。したがって、遺伝子は生まれ（固定された不変のこころ）そのものであるが、しかし、環境のなかで融通性をもって働き、生まれのこころを変えていくのも遺伝子である。

このことを具体的に考えるために、「縄か、蛇か」という光景をもう一度、想像してみよう。「蛇が好き」という遺伝子を引き継いだ人が蛇にかまれ怖い思いをすれば、おそらく蛇を嫌いになるであろう。山道でなくとも、細長いものには用心深くなるかもしれない。逆に、「蛇が嫌い」という遺伝子を引き継いだ人でも、何かの拍子に蛇を好きになるかもしれない。たとえば、どうしても断れなくて、知人のペットの蛇を一週間ほど預かるはめになったとしよう。最初は見るのも嫌だったのが、見慣れるうちに、人に馴れたそのくねくねしたものに愛着を覚えてくるかもしれない。

その後、仲良しの二人はひさびさにハイキングに出かけることになった。熊笹に囲まれた小道で、行く手をさえぎる細長いものを見た時、「ぎゃっ」と大きな悲鳴をあげて大きく後ろに飛びのいたのは、かつて「蛇が好き」だった人だった。「えっ、どうしたの？」と、蛇に対しての反応が昔とはまるっきり逆になっていることに、二人はびっくりして互いに顔をみあわせ、しばしのあいだ、「ねえ、ねえ、何があったの？」と、互いの体験談に華を咲かせるなんてこともありうるかもしれないということである。

**環境と遺伝子との媒介者は認知・認識**

すなわち、蛇に対する生来のこころ（遺伝子）を変えたのは、環境を生きている、これもまた遺伝子だと言えるのである。換言すれば、生来のこころは遺伝子によって作られるが、環境は遺伝子の働きに影響を与えることによって、こころを変え得るということである。では、環境は何を媒介して遺伝子に働きかけたのか。**認知・認識**である。一方はかまれて痛かったという認知であり、蛇は怖い生き物であるという認識である。他方は、蛇はおとなしい生き物であるという認知であり、蛇は見ようによってはかわいい生き物であるという認識である。

以上の話は、蛇を好きになったり、嫌いになったりする個人的環境である。では、個人の**認知・認識**に働きかける社会的環境がありうるとしたら、どういう状況だろうか？　むかし江戸時代に五代将軍徳川綱吉によって発布された「生類憐みの令」がよい例である。現在でも「爬虫類憐みの令」のようなものが発布されれば、あるいは、爬虫類には鯨やイルカなみの知能があるなんていう新説でも出てくれれば、これらが社会的環境となって、蛇って意外とかわいいかもと、人々の認知・認識は変わっていくであろう。

## 入試制度は生態学的環境

環境は遺伝子の働きに影響を与えるという説が正しいと仮定すれば、入試制度という社会的環境は、日本社会に生まれてきた人々の遺伝子の働きに何らかの影響を与えていることになる。いや与え続けてきたことになる。この社会的環境は、正なのか負なのか、こころにどういう**認知・認識**を与えているかということを、そろそろ本腰をすえて考えなければならないときにきていると、私は思う。だからこそ、日本社会に生きる私たちを、同じ環境に生きる一つの集団として眺めたとき、次の言葉に同感せざるをえないのである。

文化はしたがって、地球の多様な生態学的環境に生きてきた（生きる）人々の行動様式と信念を統合したものであり、学習によって獲得され伝播していく伝統と習慣であると定義できる。**つまり文化は集団の認知システムそのもの**であり、……（『社会・情動発達とその支援／第三章　情動発達の個人差・文化差』荘厳舜哉／ミネルヴァ書房／55頁）。

人が作った社会的環境であろうとも、認知・認識そのものである教育の環境は、自然環境と同じぐらい、いや、それ以上に強い影響を与える生態学的環境となっているのである。何故なら、農耕社会に生きていた時代とは違って、現代社会では、天候の変化よりも、受けた教育の質や量（表層的には学歴と呼ばれる）のほうが、人の生き死にと幸福に影響を与えているからである。

すなわち、集団の認知システムそのものが文化であるならば、家庭教育であれ、学校教育であれ、社会教育であれ、教育は、認知システムを構成する大きなそして基本的な要素であるゆえに、社会的環境である教育制度は遺伝子の働きを変える環境として、これからも日本人の**認知・認識**に強い影響を与え続けていくことになる。

## 結論

以上述べてきたように、学校教育のありかたを支配する、広義においては家庭・社会教育のありかたさえをも支配する、入試制度をもつ日本の教育制度そのものが認知心理学的に検証されなければならない理由が、ここにある。

日本式教育制度という社会的環境（生態学的環境）のもとで生きている集団つまり日本人全員が、この社会的環境は自分たちに負として機能していると**認知・認識**することができたら、集団の認知システムは正の方向へと変わっていくはずである。環境（米国留学）から受けた私の**認知・認識**が、それまでの私の教育に対する考え方（日本式教育制度という生態学的環境から受け継いだ遺伝子）を変えてしまったように。

だから、私は、入試制度の弊害を日本人に**認知・認識**してもらいたくて、この本を書くのである。

# 第一部

# 認知システム

# 第一章　個体認知システムと集団認知システム

## 認知システム

ある秋の夕暮れどき、私は二十歳ぐらい年下の若い女性と、赤や黄色の濡れ落ち葉が一面に敷きつめられていた小道を歩いていた。私が足元を指しながら「すごーい！」と言ったら、彼女は「ほんとうに、ぐちゃぐちゃでいやになりますよね」と言った。私は、彼女の言葉にすぐさま同意して、「そうだよね」とは言ったものの、内心は、彼女と私の認知の違いにびっくりしていたのである。私が言った「すごーい！」の意味は、「絨毯のように美しい、こんな道、いままで歩いたことがない。踏みつけるのが申し訳ないみたい！」であり、彼女の気持ちとは正反対だったからである。そのときの二人の認知のありかたは、百八十度対立してはいたものの、両方共に正しく、どちらか一方だけが正しいわけではない。

他の例である。ある日、木々がうっそうと茂る山の一本道をゆっくりドライブしていた。椿の花が満開の季節だった。行く手の道は落ちた椿の花で一面赤く染まっていた。すると、後部座席に座っていた高校生になっていた娘が身をフロントガラスの方にのりだして、「椿は地面から咲くんだ！」と、まるで新発見したかのように言った。娘は漫才でいうところのボケの役をしたわけではない。本当にそう思ったというのである。その時の彼女は、椿の花は椿の枝に咲くという知識をもっていなかったわけではない。しかし、椿の花が散りばめられた小道を見たとき、「椿の花は地面からも咲く」という新しい知識を得た思いだったというのである。

椿の花の散り方は、花びらが離れてひとひらずつ散るのではなく、一つの花のまま枝から落ちて散る。だから、そのときの状況は、椿の花はその形を崩すことなく、まるで地面から咲いているかのように上を向いていたのであった。すなわち、そのときの娘と私の認知のありかたは対立してはおらず、同じような光景をすでに見たことがあったかどうかという経験の差だけであり、両者の認知はともに正しいのである。しかし、たいていの場合、経験の浅い認知は、「そんなわけないじゃん、おまえ馬鹿か」という言葉で一喝されるか、笑われるかのどちらかで否定されて終わる。私も、そのとき、「おまえ馬鹿か」とは言わなかったが、「おまえらしい、面白いことを言う」と、笑ったのであった。

このような個人の認知システムの相違なら互いに笑って済む。しかし済まない相違がある。長年、左側通行で運転してきた私にとって、米国で右側通行に慣れるには、長い時間がかかった。慣れたつもりでも、時には、ふと左側を走行していたりして慌てる事態に遭遇したことがある。これが認知システムの変更である。いったん個体に固定された認知システムは、時を経れば経るほど、変更は容易ではなく、変更が完成するために要する時間は長い。あるいは、どんなに長い時間をかけても、変更不可能な認知システムもあるかもしれない。信者のアイデンティティーそのものになっている宗教などはその例かもしれない。

だから、信号機の色は世界共通なのであろう。ある国では「赤」が「行け」で、他の国では「止まれ」だったら、どうだろうか？　世界の人々が簡単に行き来できるボーダーレスの時代、対立する認知システムが交差点で出会うたびに事故がおきて、秩序が保てなくなる。

信号機の色に対する認識の理解は、子どもが親や大人と道路を歩くとき、あるいは、自動車に乗せられて移動するとき、教えられ、そのとおり実行することによって、完成する認知システムである。完成するまでの過程は脳神経科学的に見たら、脳内における電気信号と化学信号による情報伝達作業であり、この作業によって、ある一定の認知を組み立てる組織あるいは系統ができあがる。これが認知システムである。もちろん、電気信号や化学信号の発生を促すのは外界からの刺激情報である。そして、人は認知にしたがって行動する。

## 認知システムの生みの親は環境

信号機の色判断は、ほぼ全世界の人々が共有する認知システムの一例である。しかし、世界には、一部族内あるいは一国内でしか通用せず、世界の人々とは共有できない認知システムのほうが絶対的に多い。風習とか伝統とか宗教とかが、その著しい例であろう。であるから、どの認知システムが正しいという捕らえ方をしてはならず、どんな認知システムもありうるということを、私たちは認識しなければならない。

では、私たちは、「どんな認知システムもありうる」ということを、正しく認識しているだろうか。少なくとも、他民族や他国家の異文化に対して、私たちは大いに寛容であるように見える。しかし本当に、私たちは寛容なのだろうか。寛容であるように見えているのは、自分たちに作用や害が及ばない、遠い地における関係のない異文化だからではないのか。テレビ画面に映るチベットの鳥葬（かつて行われていた肉親の死体を切り刻んで鳥に食べさせる葬儀）を見ても、何とも思わないように。

しかし、もしも仮に、異文化つまり自分たちとは違う認知システムが、自分たちの世界に入りこみ、自分たちに直接作用を及ぼしだしたら、どうだろうか。それでも私たちは寛容でいられるだろうか。おそらく、いられなくなるはずである。たとえば、捕鯨問題である。私は特別に鯨の肉が好きでないし、それがあまり食卓に並ばない地域で育ったから、鯨の肉を食べるのは日本の食文化だ、なんて大げさなことは言わない。しかし、食べるために育てている牛は食べてもいいと信じている認知システムから、野生の鯨を食べるために殺すことは野蛮であると判定されたら、湧き出る違和感をおさえることはできない。

違和感程度ならいいが、まるで病原菌か何かのように、異文化を恐れ排他的になるときもある。たとえば、仮に、鳥葬をする人々の集団が隣町に住み始めたら、どうだろうか。彼らを追い出すか、自分たちが他へ移動するか、どちらにしても、テレビ画面で見ていたときのように平静ではいられないだろう。

しかし、冷静に考えれば、チベットのような国では鳥葬はしごく合理的な死体の処理方法なのである。樹木が少ないから死体を焼く燃料がない、岩場や凍土が多いから土葬には向いていない、魂がなくなった肉体を鳥に与えて、鳥と共に天に帰させる。これは生物全体への布施でもあり、有機物のリサイクルでもある。したがって、チベットの人々から見たら、死体を火で灰にしてしまう火葬のほうがエネルギーの無駄遣い、生物への布施も無いという意味で、非情で野蛮で不合理な行為だということになる。

しかし、一方、狭い土地に多くの人が密集して住んでいる日本のような国で鳥葬が行われたらどうだろうか。鳥が食べ残した肉片や骨が空から落ちてくるかもしれない。庭に人骨を発見して警察が出動する騒ぎになるかもしれない。細菌やウィルスの拡散という問題もあり、日本の立場からしたら、火葬は非情でも野蛮でも不合理でもないということになる。

すなわち、〈鳥葬〉という認知システムも、〈火葬〉という認知システムも間違ってはいないのである。どちらか一方の認知システムが正しいという捉えかたではなく、一定の認知システムは一定の環境から生まれるという事実に視点をあてて、その認知システムを生んだ環境を見なければならないということである。

こういう観点で、私たちの周辺におきている出来事を見るようにすれば、親殺し、子殺し、イジメ等と現社会で起きている出来事のその必然性が透けて見えてくるはずである。何故なら、人は、個人にしろ、集団にしろ、その人の認知システムで行動しているからである。したがって、行動の背後には一定の認知システムが存在し、その認知システムの背後には必ずそれを形成した外界からの情報つまり環境が存在していると見るべきなのである。

むかし、江戸幕府はキリスト教を禁じた。何故か？　一つの理由をあげれば、人はみな神の下では平等であるという認知システムが人々のあいだに流布されては、江戸幕府が困るからである。人々を士農工商と階級付けて操っていた支配者にとって、キリスト教は自分たちの支配権を脅かす認知システムだったからである。

換言すれば、士農工商は当時の日本文化つまり日本人の集団の認知システムであり、キリスト教は西洋文化つまり他国人の集団の認知システムなのである。

## 個体認知システムと集団認知システム

では、日本の文化を例に集団の認知システムを考察してみよう。私たちが一般的に思い浮かべる日本の文化とは、神社仏閣であったり、歌舞伎や浄瑠璃等の芸能であったり、行事や葬儀の形式であったりする。もっと身近なものでは、中元や歳暮の贈答挨拶や年賀状の取り交わしも日本の文化である。そして、日本人という集団は、これら建造物や芸能を誇りに思い、行事や葬儀は定められた形式に従って行わなければならないと信じている。この種の信仰は、強制されなくても、形式どおり行わなければ心が落ち着かないほどに、日本人という集団のなかに浸透している。

これら日本文化を尊重しなかったり従わなかったりしたとき、どういうことが起きるだろうか。ことにもよるが、たいていの場合、多数派つまり集団の認知システムから無言のバッシング（bashing）を受けることになる。従わない者は、さも人間失格のような烙印を押されることになる。こういう現象は、なにも日本文化に限らない。どこのどんな文化や宗教でも同じことであろう。そこに生きる大多数の者はその土地が伝承する文化や宗教に無意識に従って生きるように慣らされているからである。

逆らうものは異端者として、それ相応のしっぺ返しを受けることになる。父の死にあたって、伝承されてきた葬儀形式の一部の破壊を企てた私に向けられた、棘のある見下しの眼差しと言葉が、これにあたる。その棘には、墓の継承者でもない家を出た女のくせに……、というはるか昔、孔子という男が創った儒教文化の毒が塗り込められていた。

棘の視線を投げかけてきた男が信じているものと、その視線を受けた私が信じているものとの差異、これこそが認知システムの差異である。彼の認知システムは彼が育ち生きてきた環境が、私の認知システムは私が育ち生きてきた環境が形成したものである。そして、集団の認知システムに同化している彼の認知システムのほうが日本の文化ということになる。

彼の認知システムがどのような環境のなか形成されてきたかの一切を、私は知らないが、私は物心付いて以来の自身の環境は知っている。確実に言えることは、環境そのものではなく、自身と環境との関係である。集団の一員であることが心地よくなかった自分は、意識的にしろ無意識的にしろ、そのなかに溶け込むよりも、部外者の立ち位置にいたように思う。だから、組織がかかえる矛盾や不条理がよく見えてしまう。その不条理に染まることを潔しとしない自分は、自ら出ることになる。こんなだから、組織や集団から縛られたこともないかわりに護られたこともない。物心ついてからの過去を振り返るまでもなく、もうすぐ古稀を迎えようとしている現在においてもなお、日本社会や日本文化に溶け込もうとしない自分の精神の内を意識する。こんなところに、いい年をして米国留学に挑戦したり、入試制度の廃止を訴えたりする根源があるのかもしれない。

ということで、これからは「個体の認知システム」を「個体認知システム」、「集団の認知システム」を「集団認知システム」と、一定の意味をもつ用語とするため、「の」をとりはずして使用していくことにする。

## 個体認知システムと集団認知システムとの関係

個体は、その個体自身を優しく受け入れる環境に対して否定的疑問を抱くはずはなく、おのずと環境に同化する。したがって、その個体には自身が属する文化や社会を無意識に肯定する**認知・認識**が生じる。これが、集団認知システムが個体認知システムをとりこむ条件である。とりこまれた個体認知システムが集団認知システムに疑問を抱いたり否定したりすることはめったに起こらない。何故なら、自身の集団認知システムを否定することは自身を否定することだからである。そして集団認知システム（文化）を自分の認知システムとして引き継いだその個体は、たいてい、その認知システム（文化）を次の世代に伝承する一つの因子になる。

個体認知システムと集団認知システムとがまるまる同じであった時代は原始社会だと言える。狩社会あるいは農耕社会における生きる環境は、そこに生きる人間に同等に作用した。過酷な自然にさらされた環境のなか、個体が生きていける術は集団認知システムどおりに行動することである。何故なら集団認知システムは、過酷な環境のなか生き延びてきた体験を受け継いできた「知」の凝縮でもあるからである。ここに、個体認知システムが百パーセントに近い状態で集団認知システムと同じになるメカニズムがあった。

現代においても、単純な経済活動でなりたっている未開発社会では、原始社会と同じメカニズムが働き、個体認知システムと集団認知システムとの差異はそう生じないが、複雑・複合経済社会における個体認知システムと集団認知システムの関係はそう単純にはいかない。すなわち、集団認知システムが個体のそれにどう影響を及ぼしていくかというメカニズムは、あるいはその逆メカニズムは社会の形態の変化にともなって当然に変化してきているのである。

## 個体認知システム形成のメカニズム

このメカニズムは、経済システムが複合的にからみあい、情報が過多ぎみである現代社会においては、おのずと複雑になり、そして多様化する。したがって、多様なメカニズムを発生させる現代社会における個体認知システムはおのずと種々雑多にならざるをえなく、最多の場合は、十人十色の認知システムの誕生ということになる。

であるから、数段落前で「個体認知システムが集団認知システムを否定することは、めったに起こらない」と現在形で書いたが、正確には、起こらなかったと過去形で表現するべきであったのである。何故なら、最近は多々起こっているからである。最近は何故、多々起こるのか。テレビ画面やオンラインから世界の情報や異文化（他の集団認知システム）が一瞬にして、個体の感覚世界に侵入してくる情報社会、かつ、経済活動がいりくんだ複雑・複合社会だからである。こういう社会における個体の生きる環境は一人一人大きくあるいは微妙に違うからである。

テレビ番組を例にとると、チャンネルがひとつぐらいしかなかった時代の人々は、みな一様に同じ番組を見た。つまり、人々の情報環境はほとんど同じだったと言える。しかし、今日におけるテレビのチャンネル数はいくつあるか、数えたこともないが、テレビの情報環境だけに限っても、チャンネル数だけの情報環境があると言えるだろう。

個体の生活環境も、複雑・複合的経済社会を動かしている種々雑多な歯車のなかのどの歯車として生きているかによって、大きく違ってくる。では、一人の人間を一生のあいだに取り囲む環境の種類というのはいったい幾つぐらいあるのだろうか。

その数値は、一人の子どもが生まれそして育っていく過程を追うことによって計られるかもしれない。その子が生れ落ちた環境、その環境を構成する母親が育ってきた環境、父親が育ってきた環境、祖父母が育ってきた環境、幼稚園／保育園の環境、幼稚園／保育園の先生が育ってきた環境……と、細かく見ていけば、一人の認知システムを形成する環境は無数にある。たとえば幼稚園ひとつとっても、仏教系か、キリスト教系か、あるいは無宗教系か、こんなことだけでも環境は違ってくる。すなわち、幼稚園という一つの環境をとっても、ある一つの環境にはその環境に特有な集団認知システムが存在するということなのである。そして、成長につれ、友人関係という環境が加わる。さらに、最近の個体認知システムの形成には、テレビやインターネット等からの情報環境も深く関わっている。

もちろん忘れてならないのは、個々の環境を大きくとりかこんで存在する社会体制や国家体制等の社会的環境である。社会的環境が個人の環境に影響するその力の大小は、個人の環境の如何によって大きく違ってくる。個人的環境が社会的環境の影響をもろに受けやすいか、それとも否か、分かりやすいところで、消費税を例にとって考えてみる。

消費税は、消費物の値段に一定率をかけた金額を、その消費物を買う人間から徴収する税金である。しかも日本では生きるための栄養摂取の食料品を買うときさえも消費税を払わなければならないようになっている。同じ米の五キロ袋を買ったとき支払わされる消費税は、月収百万の人でも、月収十万円の人でも、ホームレスの人でも同額である。空き缶を売って手に入れたその日の収入三百円で買ったパンにも消費税はついてくる。どの個体的環境が社会的環境の影響をもろに受けるか一目瞭然である。

未来的には、個体認知システムは環境（集団認知システム）と如何に関わって形成されるかというメカニズム、あるいは個体認知システムを特徴付けるための計算式のようなものが、たとえば、個人によって違う環境の数を変数として、教育制度・社会体制・国家体制等の社会的環境を定数として、考え出されるかもしれない。ある一定の制度が個々の環境におよぼす影響力の数値を定数とする考え方はこうである。仮に適当な数字を並べるとして、入試制度が個々の環境に及ぶす数値は負の社会的環境として「マイナス80」、高等教育機会均等制度は正の社会的環境として「プラス80」というぐらいでどうだろうか。公式は数学者が考えだし、それぞれの環境名やその定数値は社会学者が考えだす。こういう研究は興味ある試みだと思うが、どうだろうか。

## 変容する両認知システム

現代社会における認知システム形成のメカニズムをさらに複雑にしている要素として、機械・ＩＴ文明発展の急激な速度と平均寿命の延びが付加されなければならない。こういう社会では、個人をとりまく環境もまた短期間に急激に変化しうるし、しかも、この急激な変化の発生可能な確率は、人の一生が長くなったぶん確かに大きくなったからである。たとえば、「日本の学校制度は間違っている」という私の認知システムは、米国の教育機関に身をおいたその環境から形成されてきているし、この本を書くにいたった私の認知システムは、認知心理学と出会った環境からきている。両方とも、五十歳以後に、私が身をおいた環境である。

　加えて、私のような学歴もなにもない普通のおばさんが米国留学できるほど地球は小さくなった。つまり、人間が認知するために必要な時間や距離が縮まったという事実がある。この事実を別の角度から見れば、個体認知システムそのものが昔とは違い、集団認知システムに固定されずに自由に浮遊している状態にあるとも言えるのである。

　このことを自分自身にてらしあわせて考えてみると、認知システムの変容が私のなかで容易にできた背景には、自分にはすでに集団認知システムと決別した体験（一つは離婚）があったことに気づかされるのである。つまり自分の個体認知システムはすでに集団認知システムから切り離され浮遊していたから、私の認知システムが容易に変容する条件が整っていたということになる。これからも私の認知システムは、どういう方向かは予想もつかないが、環境から何かを認知して変容していくであろう。

　このように、現代人を取り囲む環境はいくつもあって、その環境はそれに特有な集団認知システムを保有する。それぞれの集団認知システムは複雑な過程を経て個体に作用し、ある個体認知システムを形成していく。もちろん、個体認知システムもまた作用力をもつゆえに、個体どうし互いに作用しあったり、かつ所属する集団認知システムを変容させたり、あるいは新しい集団認知システムを形成したりしていくのである。

## 両認知システムと相互関係の変容・変遷模様

　左図は原始社会から現代社会への時の経過とともに変容してきた両認知システムのパターンと相互関係をもっとも単一的かつシンボリック的に表したものである。集団認知システムのパターンは、社会の形態が複雑・複合的になるとともに、それ自体が変容しやすい曲線形へと変容し、個体認知システムは集団認知システムとの密着度が少なくなり、自由に移動しやすいパターンへと変容してゆく。

＝集団認知システム（外枠）と個体認知システム（内部の型）の変容と変遷＝

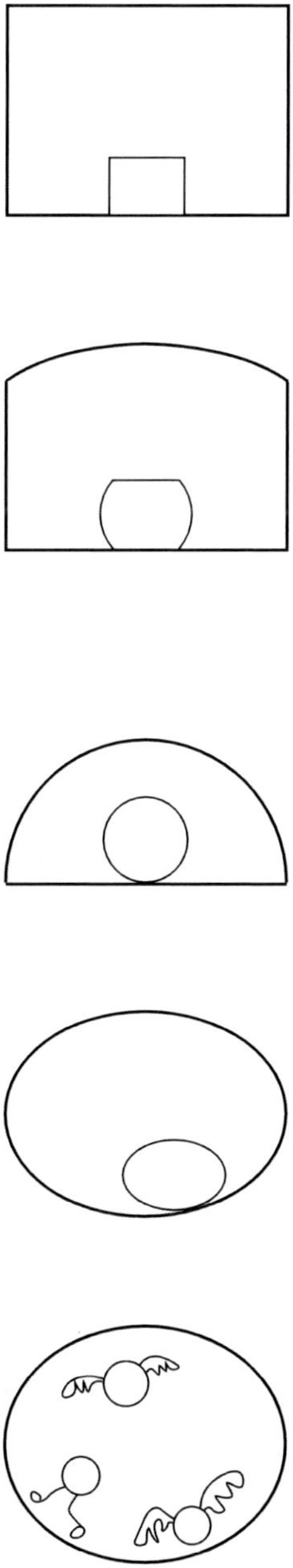

（A）　　　　　　　　　　　　　　　　　　　　（B）

（C）　　　（D）　　　（E）

原始社会　　現代（未来）社会

〈変容しにくい直線形から、変容しやすい曲線形へと変容〉

（A）は原始社会における両認知システムのパターンと相互関係を表している。集団認知システムは移動・変容しにくい直線形のパターンである。個体認知システムは集団認知システムと同形であり、集団認知システムにしっかりと固定している。

（E）は現代そして未来社会における両認知システムのパターンと相互関係を表している。両システムともに移動・変容しやすい曲線形のパターンへと変化している。ときに、足や翼をもつ個体認知システムが現われる。これら可動性をそなえた個体認知システムは生まれ育った集団認知システムから離脱したり、遠い集団認知システムへと移動したりする。

（B〜D）は（A）から（E）へと変遷する過程である。一瞬にして情報が世界をかけめぐる現代においては、この過程どおりに順を追って変遷するとは限らない。（A）から（E）へと一足飛びという変容がありえることは、たとえば文明とは切り離された生活地域に突然テレビやコンピュータがもちこまれたときの状況を想像したら理解できるはずである。

すなわち、現代社会における個体認知システムは、少ない情報と単一的な経済システムの昔とは違って、その個体が属する集団認知システムと常に同じとはかぎらない。ときには集団認知システムとは百八十度違う異質・異端の個体認知システムが生じる場合もおこりえる。昔ならありえなかった出来事や事件が、毎日のようにテレビや新聞をにぎわしているのが、その証拠だといえる。

# 第二章　現代社会における個体&集団認知システム

## 集団認知システムの増殖

原始社会のような単一的かつ固定的な集団認知システムは、子孫を生むという自然増殖はしても、その集団を形成する成員が安泰であるかぎり権力闘争的な積極増殖はしなかったはずである。しかし、違う認知システムを持つ集団が隣接してきたり、その集団がお前たちの認知システムは間違っていると主張してきたりしたら話は違ってくる。自分たちが正しいと信じている認知システムと違う別の認知システムと仲良くすることは難しく、互いに排除しようとするか、どちらか一方が他方を席巻しようとする。もちろん、この席巻には自然増殖した集団がその増殖した成員を養うために他集団の糧食を略奪するための侵略も入る。

こういう排除や席巻は、人類が移動するようになると、あらゆる場所で発生したはずである。ときに多量の血を流しながら、互いに自分たちの生き残りをかけて、結局は強い一方が弱い他方の富と権力を奪ってきた。こうやって、ある一つの集団認知システムは次第に大きくなり、その富と権力をさらに大きくしてきたと考えられる。富と権力剥奪のためだけのエゴイズム的増殖が戦争と呼ばれるものであろう。

集団認知システムとは実際的には民族そのものであり、文化や宗教等である。歴史上、排除・席巻されて完全に消えた集団認知システムもあるだろうが、なかには消えずに燻り続けるものもある。燻り続けるものとは、席巻してきた集団認知システムへの恨みと憎悪である。この恨みと憎悪の衝突とは、けして止むことのない、いつの世も世界のどこかで起きている、民族と民族との、あるいは宗教と宗教とのいがみ合いである。

すなわち、集団認知システムの増殖とは、その集団認知システムと同じ認知システムを持つ成員を増やすことなのである。成員が多ければ多いほど、その集団が持つ力が大きくなるからである。だから、集団認知システムは増殖したがる。この原則は昔も今もそして未来も変わらない

## 集団認知システム増殖の実際

現代の日本社会において、この増殖の有り様を如実に見せているのが創価学会という集団認知システムであろう。昭和初期に日蓮正宗系の新興宗教団体から発した創価学会は、今やその会員世帯は数百万世帯と膨らみ、公明党という政党まで持ち、日本の政治に絶大な影響を与えている。今日まで、学会員の勧誘に出会わなかった日本人を探すことのほうが難しいであろう。

もう一つ見過ごせないのは、集団認知システムが増殖する過程において「負の作用」をおこす場合があるということである。最近の例としては、オウム真理教という集団認知システムによってひきおこされた地下鉄サリン事件がある。

日本全体を巻きこんだ「負の作用」の例としては、軍国主義一色に塗られた過去がある。あの悲劇は、法的な権威権力を持った「負」の集団認知システムが、個体認知システムを強制的に取りこみ、日の丸集団認知システムをつくりあげた結果なのである。

すなわち、オカルト組織から国家という組織まで、集団認知システムは増殖したがる性質をもっているのである。何故なら、増殖すればするほど富と権力が増大するからである。見方を変えれば、ある個体認知システムが自分の富と権力を増大したいがために、自分をコア（core/芯）とした集団認知システムを形成し、そして増殖させる場合もあると言えるのである。急激に増殖しつつある／した集団認知システムの中心には必ず富をむさぼる大きな権力が存在すると見るべきであろう。

今の日本社会における最悪にして最強なのが、政・官・財をコアにした集団認知システムである。だから、公平に適用されるべき法が、対象の個体／集団認知システムによって適用されたりされなかったりと、その裁決は違う。これを如実に示している出来事が、ライブドアと日興コーディアルへの検察の動きの差であった。一方は立件され上場廃止となったが、他方は立件されることもなく上場は維持された。同じような悪いことをやっても、コアのなかに居るか居ないかで叩かれる度合いはこうも違う。

集団認知システムの増殖に加担するものとして見過ごせないのにテレビの偏向報道がある。テレビ報道は良い方向に導く場合もあるが、悪い方向へ導く場合もある。最近の最悪な例としては小泉劇場がある。小泉首相の政治的パフォーマンスを連日垂れ流し、「構造改革はすべて善」であるという誤った**認知・認識**を国民に植えつけたのはテレビというマスメディアであった。こうやって「構造改革イコール善」「郵政改革イコール善」という誤った**認知・認識**をもった認知システムを一時的であれ増殖させ、二〇〇五年夏の総選挙において自民党に議員定数の過半数を与え、公明党をあわせた連立与党の衆議院議員数を総衆議院議員数の三分の二をゆうに超えさせたのである。日本は多数決ですべてが決まる議会制民主主義ゆえに、政府与党は何でもできることになる。こんな危うい名ばかりの民主主義制のなか、教育基本法が二〇〇六年一二月に改悪されてしまった。そして二〇〇七年五月には、最低投票率を定めない国民投票法があっというまに制定されてしまった。たとえば、日本社会における平均的投票率の五十パーセントで計算すると、その過半数つまり有権者の二十五パーセント程度の賛成で憲法改正が成ってしまう。つまり、投票率が低くなればなるほど施政者の思い通りに憲法は改正されてしまうのである。

テレビのこの所業が作為だったのか、それとも不作為だったのか、私には分からない。分かっていることは、テレビ番組の制作と放映を支えているのはスポンサーだということである。だから少なくとも、テレビ番組の制作者はスポンサーの意向には逆らえない。スポンサーとは企業つまり資本家である。労働力無しには資本力は生かされないとしても、資本主義社会においてメディアを動かせるのは資金を持った資本力のほうである。マスメディアの多くはすでに財界と同体であると考えるべきなのかもしれない。

したがって、資本力はマスメディアを操作する力を持ちえると言っても過言ではなく、テレビというマスメディアは個体認知システムを取りこみ、容易に集団認知システムを増殖させる能力をもっているのである。見過ごせないのは、この増殖作業はときとして作為的に行われるかもしれないということだ。

## 「正」の集団認知システムの実際

今まで語ってきた集団認知システムは「負」の側面ばかりだが、もちろん「正」のそれも存在する。たとえば、年功序列や終身雇用制度が日本社会における「正」の集団認知システムの代表例であった。

バブルがはじける以前のある時期は、国民の大半が、たとえ実質的には下流の上ぐらいではあっても、自分は中流であるという**認知・認識**で生きることができた時代があった。同じ中流意識で生きる人々であっても、その実質的範囲は広い。真の中流と夫婦二人で働いて中流の下というような見かけだけの中流と、収入や財産には大きな差があったには違いないが、見かけだけであろうとも、とにかく皆平等というような価値基準が日本人に溶けこんでいた。何故だろうか。

おそらく、年功序列や終身雇用という日本社会に特有な制度が、たとえそういう会社規約をもち得ない零細企業や小さな店で働く人々にも、頑張って真面目に働きさえすればいずれ良くなるという夢を与えていたのだろうと、私は思う。この夢は日本人にとって一つの確固とした**認知・認識**であった。すなわち、年功序列や終身雇用という社会システムは国民全体を覆う一つの大きな「正」の集団認知システムだったと言えるのである。この集団認知システムという傘に覆われて、最低限の平等さは保障されているという公平意識が人々のこころに安心感をもたらしていたのである。

たとえ受験戦争に敗北しても社会に出れば年功序列や終身雇用がある。たとえ学歴至上主義社会であろうとも年功序列や終身雇用がある。だから、競争原理が機能する入試式教育制度という索漠とした「負」の集団認知システムのなかで育てられても、日本人のこころは何とかして最低限の安息を保ちえていたのである。人々のこころが安息ならばおのずと社会も平和である。

## 「負」の集団認知システムの実際

ところが、バブル景気の崩壊とともにリストラ〔restructuring〕という経済の再構築が始まった。日本では首切りという意味でリストラという言葉が使われているが、ほんらいの意味は「(事業の）再構築」であり、小泉元首相の口から盛んに発話されていた「構造改革」という意味でもある。この構造改革はバブル崩壊後の低迷状態にあった日本経済を立て直す特効薬のようにもてはやされたが、実際のところはどうだったのか。

この構造改革、経済の専門家ではない私には断定できないと断っておいて、特効薬としては一時的に効いたのかもしれないとは思う。しかし、国が責任をもって行わなければならない相互扶助システムを陰に追いやり、弱者切捨てという最悪の副作用がのこったことは否定できない。この副作用は、社会学的に見れば、日本を弱者切捨式の未成熟社会に後退させるに十分の作用があった。持てる者はすべてを持ち、持てない者は何も持たないという二分された社会構造である。この社会構造とは過去に遡って探せば地主と小作人の世界である。つまり、実労働しなくても豊かな生活を送ることができるほんの一握りの人と、長時間実労働しても食べられない多くの人がいたという中世的な不平等社会である。

構造改革の源をたどれば「年次改革要望書」があることに気づく。「年次改革要望書」とは、日米の両国が自国の経済発展のために、改善を必要とする相手国の規制や制度の問題点をまとめた文書で、毎年、両政府間で交換される。この要望書通り、日本が実行した構造改革の一例をあげれば、一九九九年には労働者派遣法が改正され人材派遣の自由化が行われ、二〇〇三年には郵政事業庁が廃止され日本郵政公社が成立している。そして二〇〇四年のそれには、日本郵政公社の民営化は意欲的且つ市場原理に基づくべきだという米国からの提言があった。

さて、人材派遣の自由化や郵政民営化という構造改革を、日本政府は米国政府からの要望を律儀に応じるために行ったのか、それとも自主的に行ったのかという問題を、私は論じるつもりはない。日本政府の自主性の無さとか、米国政府による日本市場収奪戦略なんてことは、ここにおける論点ではないからである。私の視点は、人材派遣の自由化が行われるようになって、日本社会はどう変わってきたか、郵政民営化が行われて、日本社会はどう変わっていくだろうかということである。

人材派遣会社は監禁や拘束こそしないけれど、労働力を原材料のように低価格で仕入れて、それに賃金ピンハネという利益を上乗せして売る。すなわち、人材派遣会社が利益を得て企業として成り立つ仕組みは、どんなきれいごとが言われようと、昔の「人身売買」と同じシステムなのである。だからこそ、強制労働や中間搾取から労働者を護るために、職業の紹介・斡旋業は原則として国〈職業安定所・ハローワーク〉だけが行えたのである。しかし、構造改革という言葉はその内容のすべてが絶対的善であるかのような響きを人々にあたえて、次第に労働者の人権を侵し始めたのである。人材派遣会社が中間搾取している金額やその割合は公に明らかにされていないが、耳に入ってくる搾取の割合はけして小さくはない。

人材派遣会社などという口入れ屋が成長すればするほど、格差の度合いは根深く、その範囲は広くなっていくことは確かなのである。この格差を推進したのは、まるで「是」であるかのように世間に流布された「構造改革」というプロパガンダである。したがって、まさしく、一九九〇年頃から始まった弱者切捨ての「構造改革」が成ったのは、大きな力によって作られた「構造改革はすべて是」という集団認知システムの仕業なのである。すなわち、「構造改革はすべて是」というプロパガンダが「負」の集団認知システムなのである。

こうやって、教育制度がもたらす競争社会だけでもたくさんなのに、社会に出てまでも競争原理がもちこまれた。つまり、日本人は一生を競争原理が機能する弱肉強食の野蛮で未成熟な社会で生きていかなければならないようになったのである。

競争社会とは突き詰めれば、自分の幸福は他者の不幸の上に成りたつ社会である。他者を信用できない、つまり他者と共に相互扶助的に生きていけない社会なのである。こんな社会に生かされる個体認知システムが次第に集団認知システムに反発し、ときに転向し、ときに自立しだすのは当然の現象である。

## 個体認知システムの反発・転向・自立

個体認知システムはコアになり、ときに集団認知システムを形成して増殖すると述べた。しかし、すべての個体認知システムがコアになったり、群れて集団認知システムになったりするわけではない。この増殖には、コアである個体認知システムの強い求心力が必要であるし、その求心力で寄せ集められた個体認知システムには容易に手をつなぐための何かしらの共通点が必要である。

求心力の強さとは、ときには麻原彰光（オーム教教祖）のような一見して特異的個性であったりするが、多くは政治的権力であったり、学術的権威であったり、巨大な資金力だったりする。そして、共通点とは、集まることによって得る共通する有利ごとである。共通する有利ごとが虚偽であるときが詐欺である。

もちろん、この共通する有利ごとには実益でないこころの慰安も含まれる。むかし家の郵便受けに時々入っていた無料配布の聖教新聞とともに「何かお困りのことはないですか？」と書かれた小さなメモが共通する有利ごとが何であるか如実に語っている。「心の慰安」や幸福という目に見えないものである。その時の我が家は母を亡くしたり、商売も行き詰まったりと最悪の状態だったのだが、私という認知システムは、聖教新聞の一面に毎度のように載る池田大作の顔など見たくもなく、無遠慮に入れられる新聞とメモにうんざりしていたのであった。

他人（家）の不幸を探して会員を募って歩くような宗教団体に対して、私は怒りしか覚えない。私のように怒りしか覚えない認知システムは少ないだろうか。そうではないだろう。某社会をコントロールする側の集団認知システムは、それがもっている支配力の配分に関しては確かに絶大であろうが、全社会を形成する成員配分に関してはそうでもない。つまり人口的には個別ごとに違う個体認知システムのほうが絶対的に多数だということである。しかも、足や翼をもった個体認知システムが多く存在する今日の社会構成であれば、その集団認知システムが昔のように何の疑問も持たれることなく確固とした優勢を誇り続けることは難しくなってきているといわざるをえない。

個別ごとに違う個体認知システムが多くなればなるほど、集団認知システムの求心力は弱くなり、個体認知システムの反発や転向や自立はおこりやすくなる。そして集団認知システムとの軋轢の発生件数も多くなる。

これら反発や転向そして自立はときに、常識という名の集団認知システムから見たらまったく理解できない異質の個体認知システムを生産することもありえるのである。この異質の個体認知システムが負や非である場合が、さきごろ突発的に起きている数々の事件である。

地下鉄サリン事件は、松本智津夫という負の異質個体認知システムをコアに大きく成長した異質集団認知システムがさらに肥大するために企てた大量無差別殺人であり、秋葉原無差別殺人の場合は、自己憎悪と社会憎悪を同程度に増大させた弱小の負の個体認知システムが自己破滅と社会破壊を同時に実行するための行動と考えるべきである。どちらの場合も直接の被害者は弱者の個人である。社会の不条理がここにある。

# 第三章　異質認知システム

## 異質認知システムの程度

人間は社会的動物である。一人ではけして生存できない生物である。したがって、足や翼をもつ個体認知システムが集団認知システムに対してときに反発し、ときに転向し、ときに自立するとはいっても、それはあくまでも内に秘めたことであり、はっきりとそうであると表出するわけにはいかない。自分が属する社会の仕組み（集団認知システム）に実際に反発したり、転向したり、自立したりしていたら、生活そのものが保障されなくなるからである。だから、人は、たとえ自分の認知システムが異質（集団認知システムに適応しがたい）であっても、適応したふりをして生活していく／いかねばならない。

たとえば、会社等の組織や団体の一員としてそこから報酬を得て生きる人間は、自分の個体認知システムがたとえその組織や団体の集団認知システムに反していても、そのことは極力内に秘め、集団認知システムに適応している姿勢で生きる。

学校のような集団でも同じことが言える。生徒は自分が属する学校の仕組み（集団認知システム）に従わなければならない。具体的に言えば、たとえば、同じ洋服や靴を着用することが要求される。ズボンやスカート丈は一定に定められ、ときには髪型さえもみな一様でなければならない。これら規約は一般に校則と呼ばれ、その学校に在学する生徒は従わねばならない。たとえ、内心は適応していなくても、在学しているあいだは適応している姿勢を示して生きる。

すなわち、たいていの人は、自分が属する集団認知システムとは異なる認知システムの部分をわざわざ表出しはしない。表出したら生きにくいからである。集団認知システムにおもてだって逆らえば放逐される恐れがあるからだ。たとえば、内部告発をして窓際に追いやられたり、校則違反をして退学をせまられたりとかである。

もちろん、社会全体から見れば、集団認知システムと同化（疑問も抱かず適応する）している個体認知システムのほうが多数派である。多数派は皆と同じであることに安心を覚え皆と同じ行動をとる傾向にある。それと逆に、異質認知システムは少数派であり、皆と同じであることや皆と同じ行動をとることに不快を覚え、反発する傾向にある。かといって、何もかもに対して天邪鬼的に反発するというわけではなく、無意識的かつ無思考的に皆と同じ方向を向く／向かされることに対しての反発である。

この反発を初めて私が感じたのは幼稚園児のときだった。小学校就学前の一年間だけ幼稚園に通わされたから五歳のころの記憶である。

その一つは、園児のほとんどがきゃーきゃーと歓声をあげながら我さきに先生の手を取りあった光景である。二十人以上の園児がすべて先生の手を取ることはできないから、取れなかった残りの園児たちはせめて先生が着ているうわっぱりの端をつかもうと先生を二重にも三重にも囲む。先生は腰にダンゴ状にぶらさがった園児たちを引きずって歩くというなんともほほえましい風景というところか。

私はといえば、その輪のなかに入ったことはない。いつも離れたところからそういう光景を見ているか、ブランコに乗っていた。ブランコを独り占めできる絶好のチャンスだったからである。私は一度もその輪のなかに入りたいと思ったこともなかった。

教師や大人は、一人でいる私をいじけているると見たかもしれないが、それはあたっていない。嫌いではなかったが好きでもない先生に触りたいなどという感情は湧いてこなかった。だから、みんなを押しのけて前に出る気持ちが湧かなかっただけである。そのときの感情を、大人の言葉で端的に表現すれば、私は群れたくはなかった、おそらくこの一言があたっているだろう。

そして、もう一つの記憶、それは苦痛な昼寝の時間だった。時間がくると布団をひいて強制的に寝せられた。眠れと言われたって、そうかんたんに眠れるわけがない。しかし、眠れと言われたら、眠っていなくても、眠ったふりをしなければならないと思ったのだろう。私は毎日毎日律儀にそうした。眠っていないことを先生に気づかれないように、目をつぶって体を固くすること一時間、子供心に、寝返りして音をさせることさえはばかられると思った。最後のほうは、嘘寝をしていることがばれないかと、自分の呼吸の音さえ気になった。非常に苦しい一時間だった。この体験が、集団の一員であることに息苦しさを覚えた最初の記憶である。

群れたくなくても集団のなかで生きるためには溶けこめているような体裁が必要である。その体裁のために、自我を殺すか、嘘をつかなければならないが、幸いに、私が嘘をついたのは、その嘘寝だけで、以後、自我を殺すこともなく、嘘をつくこともなく、学校時代をすごすことができた。何故なら、誰も私に関心を寄せなかったからである。

すなわち、異質の程度は、自分が属する集団認知システムと共有する部分の割合、あるいは共有しない部分の割合で決まる。誤解してならないのは、ときに松本智津夫のような負の異質認知システムも現われるが、異質認知システムは必ずしも社会に適応できずに事件をおこす異端者という意味ではないということである。

そして、私たちが認識しなければならない原則は、集団認知システムが常に正しいというわけではないということである。だから、正しくなかったとき、それは正しくないと**認知・認識**できる異質認知システムの存在が重要なのである。何故なら、ある集団認知システムの成員が全員その集団認知システムと同体だということは、全員が思考を失ったイエスマンであり、その集団認知システムには自戒機能も改善機能も備わっていないということだからである。自浄能力のない、あるいは旧態依然であることに満足するその集団認知システムは衰退していく運命にある。確実に分かっていることは、すべての個体認知システムが集団認知システムと同体である社会には前進はないということである。

## 異質認知システムへの憎悪

ところで、何が常識で何が非常識なのか、私たちが信じている常識だと思うところの基準って何なのか、そしてその常識はどうやって培われてきたのかということを、私たちは真剣に考えたことがあるだろうか？　私／私たちの常識は正しくて、あなたのは間違っていると認識するその基準は何？　私／私たちの感覚は正常で、あなたのは異常と認識するその基準は何？　この疑問に関しては、すでに〈鳥葬〉を例にひいて一つの答をだしてはいるが、ここではカミュ作『異邦人』の主人公ムルソーとその周辺社会との関係から考察する。

私がムルソーに初めて出会ったのは、東京原宿のアパート三畳間にうつうつと閉じこもっていたときだった。大学受験に失敗し、再度挑戦の機会が与えられないことは父親から告げられていたし、美術関係の専門学校に籍をおきながらも、そこにも自分の居場所を見つけだせずにいたときである。することといえば本を乱読することしかなく、それら本の行間から偶発的に見えてくる微かな光のようなものをあてにして生きていたような気がする。そんな私をムルソーにひきつけたのは、彼のなかに自分と同じ何かを感じたからである。

同じ何かとは、「何よりも自分に嘘をつかずに生きる」、言い換えれば「自尊」であったろうと思う。七〇年近くも生きてくれば、嘘をつかずには世間とうまくやっていけないことぐらいは学んでいる。別にうまくやっていく必要はないかもしれないが、いらぬ誤解と軋轢は避けたい。好かれる必要もないが、あえて嫌われる必要もない。しかし、たとえ世間から総好かんを食らおうとも、自身を自身として形づける核のようなものだけには固執するであろうとは思う。そういう意味で、自身で自身を陥れることをしなかったムルソーに、いまだに強い共感を覚えるのである。

今回、再度、読みかえしてみると、もちろん解釈は読み手によってそれぞれ違うだろうが、若いとき未熟な精神で読んだときに感じた表層的なものではない深層に沈んでいるものを見るのである。表層的なものとはムルソーという人格であり、深層に沈むものとは人間社会を動かしている**認知・認識**である。つまり、ムルソーを個体認知システム、そして彼を人間失格と判定した彼を取り巻く社会を集団認知システムとしたときの、両者のあいだに存在する絶対的な力関係である。換言すれば、集団認知システムが抱える欺瞞性を暴くために、カミュは四年もの歳月をかけて『異邦人』を書きあげた。これが私の解釈である。

ムルソーという個体認知システムに対しての個別的な好き嫌いは、登場人物の感情を含めていろいろあるだろうが、確実に言えることは、ムルソーが属する集団認知システムはムルソーという個体認知システムを憎悪したということである。彼が行きがかりじょう、あるいは過剰自衛で、人を殺してしまったとはいえ、彼に死刑を下した直接のものは憎悪という集団認知システムである。この憎悪はどこから発生したのか？　集団認知システムが許容しない態度をムルソーが示し、そして行動したからである。つまり自分の母の死に際してのムルソーの態度が異質だとして憎悪されたからである。その憎悪の程度と、その憎悪を生んだ理由は裁判の一場面（左記）から知ることができる。ちなみに、左記における「私」とはムルソー自身のことである。（太字は筆者による）

裁判長は、ママンが養老院に入れたということで私を非難していたかどうかを、確かめると、院長は、またそうだといった。しかし今度はそれに何も付け加えなかった。もう一つの質問に対して、院長は、埋葬の日にこのひとがいかにも冷静だったのには驚いた、と答えた。冷静とはどういう意味なのか、ときかれた。院長は、そこで自分の靴の爪先に視線を落とし、それから、私がママンの顔を見ようとはしなかった、一度も涙を見せなかった、埋葬がすむとママンの墓の上に黙祷もせずに、すぐさま立ち去った、といった。院長を驚かしたことはもう一つあった。私がママンの年を知らなかったと、葬儀屋の一人から、告げられたことだった。一瞬の沈黙が来た。裁判長は院長に向かって、あなたの話は確かにこのひとのことなのか、と尋ねた。院長はこの問いの意味がわからなかったので、裁判長は「これは形式的な質問です」と院長にいった。やがて、裁判長は次席検事に向かって、証人にきき̇ただすことはないか、と尋ねると、検事は、「もうありません。それで結構です！」と叫んだ。私に向けられたこの叫びが、あまりに猛烈な勢いで、且つ、検事の視線は全く勝ちほこった調子なので、この数年来はじめてのことだったが、私は泣きたいというばかげた気持ちになった。それは、これらのひとたちにどれほど**自分が憎まれているか**を感じたからだった。（『異邦人』カミュ／新潮社／95〜96頁）

次の抜粋は、検事の論告場面である。ちなみに、「あの男」「この男」とはムルソーを指している。

検事は、あの男の魂をのぞき込んで見たが、陪審員諸君何も見つからなかった、といった。実際、あの男には魂というものは一かけらもない、人間らしいものは何一つない、人間の心を守る道徳原理は一つとしてあの男には受け入れられなかった、といった。更に「恐らく」と彼は付け加えた。「われわれは彼をとがめることもできないでしょう。彼が手に入れられないものを、彼にそれが欠けているからといって、われわれが不平を鳴らすことはできない。しかし、この法廷についていうなら、寛容という消極的な徳は、より容易ではないが、より上位にある正義という徳に替わるべきなのです。とりわけ、この男に見出されるような心の空洞が、社会をものみこみかねない一つの深淵となるようなときには」それから、**私の母に対する態度を論じた。検事は弁論中にすでに述べたことを、また繰り返したが、それは、私の犯罪について述べたところよりも、ずっと長かった。**…中略…そのうちに、次席検事はいったん言葉を途切り、一瞬の沈黙ののちに、またごく低い侵み入るような声で言葉をついで、「この同じ法廷で、明日は、最も憎むべき大罪、父殺しの審判が行なわれます」といった。彼によれば、このような残虐な犯罪は想像も及ばぬほどの恐ろしいものだった。検事は、人間の裁きが、臆するところなく処罰することをあえて期待する、といった。しかし、あの犯罪のよびおこす恐ろしさも、この男の不感無覚を前にして感ずる恐ろしさには、及びもつかないだろうと、はばからずにいい切った。同じく彼によれば、**精神的に母を殺害**した男は、その父に対し自ら凶行の手を下した男と同じ意味において、人間社会から抹殺さるべきだった。（107〜109頁）

前記より、求刑に際して検事が重要視していることは、ムルソーが犯した犯罪そのものではなく、葬儀の際のムルソーの態度であることが分かる。検事は、ムルソーの態度は精神的に母を殺害するものだと述べ、自らの手で父を殺した男と同じ重さで社会から抹殺されるべきだと、次のように死刑を求刑する。

「私はこの男に対し死刑を要求します。そして死刑を要求してもさっぱりした気持ちです。思うに、在職もすでに長く、その間、幾たびか死刑を要求しましたが、今日ほど、この苦痛な義務が、一つの至上、神聖な命令の意識と、非人間的なもの以外、何一つ読みとれない一人の男を前にして私の感ずる恐怖とによって、償われ、釣合いがとれ、光をうけるように感じたことは、かつてないことです」（109頁）

私たち人間社会では、身内とくに父や母の死に際して、どういう態度を示すかで人となりが評価される傾向がある。社会組織の単位は隣組から国まで、そしてその形態は文化によって、いろいろあるだろうが、どんな社会においても、両親の死に遭遇した子どもが期待されているのはおそらく痛哭の態度を示すことであろう。痛哭しないまでも、慣習どおり親の死に対して敬虔な態度を示せば正常なこころと見なされ、その慣習にそぐわなければ不具なこころと見なされる。つまり、その慣習を是と認定する**認知・認識**が常識という集団認知システムなのである。

なかには親の死に際して痛哭の態度を示せない人間だっている。親だからというだけで子どもから愛されるとは限っていないし、子どもだから親をなにがなんでも愛さねばならないというものでもない。親子は特別な人間関係ではあっても、両者のあいだに介在する感情は愛情だけというわけにはいかない。育てられ方によっては憎悪も遺恨も存在する。愛する親が死んだ時その子どもは痛哭するだろうが、憎悪している親が死んだら、あからさまに喜びはしなくても、自分のこころに正直であればあるほど痛哭の態度はできないはずである。

しかし、痛哭できない個体認知システムでも慣習に従えば一応は集団認知システムに所属している正常なこころの持ち主として認定され、不具なこころの持ち主として排除されることはない。つまり、集団認知システムが個体認知システムを正常と認定するにあたっては、個体認知システムが痛哭するかどうかが問題ではなく、集団認知システムが認定する慣習に従うかどうかが問題なのである。

慣習に従うとは、ムルソーの立場で言えば、棺に眠る母親の顔を見て涙を流すことであり、棺の蓋を開けてもらって最後の別れをすることであり、通夜の席でコーヒーやタバコ等の嗜好品を慎むことであり、母の年齢を正確に知っていることであり、葬儀の翌日には海に泳ぎに行ったりせず、家で静かに母の死を悼むことである。しかし、ムルソーはことごとくこれらと逆の行為を行った。

しかし、再びしかしであるが、集団認知システムが認定する慣習にムルソーが従わなかったからといって、彼が母親（ママン）を邪魔に思っていたとか、愛していなかったというわけではない。左記抜粋部分のように

彼流に想っていたのである。（カッコ内の注釈は筆者による）

☆しばしば母とペレ氏は、夕方、看護婦に付き添われて、村まで散歩に出た、と院長はいった。私は自分の周囲の野原をながめた。空に近く、丘々まで連なる糸杉の並木、このこげ茶と緑の大地、くっきりと描き出された、まばらな人家——これらを通して、私はママンを理解した。（19頁）（ペレ氏とは養老院で知り合った母の男友達）

☆昼食のあと、すこしたいくつして、アパルトマンのなかをぶらぶらした。ママンがここにいたときは便利だった。（24頁）

☆すると、いいにくそうに大へん早口で、この界隈では、母を養老院へ入れたために、あんたの評判がよくないことを知っているが、しかし、私はあんたをよく知っており、大へんママンを愛していたことを知っている、といった。いまだになぜだかわからないが、私はそれに答えて、そんなことでとやかくいわれているとは、今日まで知らなかったが、養老院の件は、ママンを十分看護させるだけの金が私になかった以上、ごく当たり前なやりかただと、自分には思われたのだといった。「それに、もう大分前から、ママンは私に話すこともなくなっていて、たったひとりで退屈していたんだよ」と私がいい足すと、彼は「そうだよ。養老院にいれば、少なくともお仲間はできるからね」といった。（50頁）（会話の相手は、同じアパートに一匹の老犬と住むサラマノ老人）

陪審員たちから斬首刑の答申を受けるほどに集団認知システムから憎悪されるムルソーだが、直接に関わっていた隣人たちからはけして嫌われていたわけではない。次の場面が示すように、むしろ好かれていたと言ったほうがいいだろう。

☆それからマソンの番になって、あれ（ムルソーのこと）は律儀な男だ、あえていうなら、誠実な男だ、と述べたが、もう誰もほとんどきいていなかった。ついで、サラマノが、私が例の犬の件で親切だったことをしのび、また、私の母と私とに関する質問に答えて、私がママンとは話すことがなかったので、そのために養老院へ入れることになったのだ、といったりしたが、いよいよ誰も聞いてはいなかった。（101頁）

ムルソーが馴染にしていた食堂の主人セレストは、内に閉じこもり勝ちというムルソーの人格評価に関しては、意味のないことはしゃべらない人間なのだと言い、犯した殺人に関しては、あれは不運というものだ、とムルソーを擁護する。隣人たちがムルソーを擁護するのは何故か。日常におけるムルソーとの関わりあいからムルソーという個体認知システムを知っているからである。

ここに人間社会の底に潜む偽善が表出する。ムルソーと交流のある人たちは彼を擁護し、交流のない検事や陪審員等の裁く側は、殺人事件とはいっさい関係ない母の死に対して涙を流さなかったムルソーの態度を理由にして死刑をくだしたのである。すなわち、ムルソーという個体認知システムを知らないからこそ、理解しがたいからこそ、判断基準に慣習と呼ばれる通常の論理がもちこまれるのである。慣習に従わない者は人間失格として排除しなければならないと。この「通常の論理」（本書60～63頁）こそが、この小章のはじめに述べた「私たちの感覚は正常」と信じる思いこみなのである。

私は物語のなかから例をひいたが、こういう偽善はいつの時代の社会でも現実に起きてきたことである。そしてこれからも人間が生きているかぎり、けしてなくならないであろう。だからこそ・・これから異質認知システムだらけになる時代だからこそ、ひとり残らずすべての人が幸せに生きていける社会、つまり、多種多様な個体認知システムを生かすことができる寛容な集団認知システムが求められるのである。集団認知システムがその権威・権力（通常の論理）をもって異質認知システムを排除するようなことがあってはならないのである。

## 異質認知システムどうしの融和

「あらしのよるに」という物語がある。オオカミのガブとヤギのメイ、つまり食べる側と食べられる側との友情を描いた話である。この物語をどう読む、あるいはどう見るかは人によって違うだろうが、アニメ映画で見た私は、異質認知システムが互いに融和していく物語であると見た。

オオカミのガブはオオカミ社会という集団認知システムを個体認知システムとして育ち、そして生きてきた。ヤギのメイも同じように、ヤギ社会という集団認知システムを自分の個体認知システムとして育ち、そして生きてきた。食べる側と食べられる側という絶対に相容れない二つの個体認知システムが、ある条件が整った環境のもとで出会った。

その環境とは、二匹が風雨と雷から一時的に逃げ込んだ掘っ立て小屋のなかである。その条件とは、真っ暗で互いに相手の姿が見えない、互いに雨に打たれ鼻かぜをひいていて鼻がきかない、だから互いに相手の正体を認識できない、という条件である。そんな環境下の二匹が共有する認識は、互いの正体を詮索することではなく、嵐にたいする恐怖と不安である。

とどろく雷鳴、暗闇をきりさく稲光り、打ちつける雨、そんな環境のなか、仲間からはぐれる。二匹とも雷が嫌い、空腹である、そしてびしょ濡れで寒くて心細い。そんな状況で同じ境遇の人にであえば、誰だって心強い。一人よりも二人でいたほうが精神の安定を保つことができる。会話をしていれば、時間の過ぎるのも早い。だから嵐への恐怖は半減する。そんな環境のなか、二匹のあいだに友情が芽生えるのに何の不思議もない。嵐という弾丸降下を避けて、じっと身を寄せあう戦友愛のような感情であろう。

そして、物語ゆえに、互いを食べる・食べられる関係にあるものどうしだと認識した後も彼らの友情は続き、ストーリーは次の段階へと展開する。この友情の継続に水をさしたのは、ガブやメイ自身ではなく、彼らが互いに属する集団認知システムであった。オオカミ集団（認知システム）はオオカミ社会の情報がガブからヤギ集団（認知システム）に漏れることを恐れ、ヤギ集団（認知システム）はヤギ社会の情報がメイからオオカミ集団（認知システム）に漏れることを恐れた。それぞれの集団の長は生き延びるために、ガブとメイにスパイになることを命じる。ガブはメイからヤギの居場所を、メイはガブからオオカミの動向を訊きだすというふうに。

スパイをしなければ、自分が属する集団認知システムのなかではもはや生きていけないと知ったガブとメイという二つの個体認知システムは、裏切り者の汚名を受けることを潔しとして、異質の個体認知システムどうしでも融和して生きていける世界への脱出を試みる。峻険とそびえたつ氷雪の山の向こう、つまり「こちらの世界」ではない「あちらの世界」にそれはあるだろうと、二匹は、オオカミ集団に追跡されながら、空腹と寒さに耐え山越えの旅をする。そして、物語ゆえに、あちらの世界で、ガブとメイは異質の認知システムどうしでも友情を持続させて幸せに生きていけるというハッピーエンドで終わるのである。

私は、「物語ゆえに」という言葉を二度使って、食べる・食べられる関係どうしの友情の存在と、あちらの世界の存在をとりあえず是認したが、ところで、これらは現実世界において存在し得るのであろうか。もちろん、野育ちのオオカミとヤギのあいだに友情は生まれない。しかし、人間に管理された、つまり他の動物を襲わなくても食料が定期的に与えられる環境でオオカミが育てられるのであれば、オオカミとヤギの融和的交流も可能であることは容易に想像できる。あるいは、オオカミでもヤギに育てられれば狩りの仕方を学ぶことはできないだろうし、ヤギでもオオカミに育てられれば、身体機能的に狩りこそ出来ないだろうが、養い親から与えられる生肉は食べるかもしれない。つまり、前章でも述べたように、環境が無ければ遺伝子は無力だということである。

## 人間社会における「あちらの世界」

では、異質認知システムどうしが互いに融和できる人間社会における環境とはどういう環境なのであろうか。この環境は、物語「あらしのよるに」のなかでは「嵐の夜の掘っ立て小屋」と設定されているが、人間社会におけるこの環境を探すと、先入観や偏見等から解放されている、あるいは先入観や偏見の予備知識がまったく無い環境であろうと思う。

私が中学生のころの話である。同級生でもあり、家も近所ということもあり、学校から家まで片道三〇分、毎日のように連れだって帰る友人がいた。とりとめのない話をしたり、当時出始めた白黒テレビから流れていた歌を口ずさんだりと、学校の門から私の家の前で別れるまで、女の子特有のおしゃべりが続いていたのだろうと思う。持ち物や洋服そして話の内容から、彼女の家の経済的裕福さは感じてはいたものの、彼女の家族のことやその背景を尋ねたことはなかった。というよりも、友人の背景のことかいっさい私の意識にのぼったことがなかったというのが本音である。つまり、お互いにお互いの背景（集団認知システム）とは関係ない個人（個体認知システム）どうしの友情関係が二人のあいだにあったのだろうと思う。

ある日、彼女の家に関してのいろいろな噂が子どもである私の耳に入ってきた。そのなかで私の耳に残っていたのが、彼女の父親は韓国人だというものであった。つまり、彼女は韓国人の父親と日本人の母親との混血だというのである。そのことが私の興味をひいた。悪い意味ではなく、私にとっては、混血は羨ましい境遇だったのである。毎日の生活のなかで、何か私の知らないわくわくするようなことがいっぱいあるだろうし、それに混血だから自分は特別だと思えていいなという羨望の気持ちである。

そこで、ある帰り道の途中、ふと、「ねえ、あなたのお父さんはほんとうに韓国人なの？」と訊いたのである。次の瞬間、彼女は歩をとめた。どうしたのと振り返った私が目にしたのは、目をそむけ、白い顔をいっそう白くさせた彼女の顔だった。ただそれだけであった。彼女からいっさいの返事はなかった。しかし、その一瞬で、私は、人間社会に巣食っている何かを理解したのであった。口にだしてはいけないことを口にしてしまったという自覚はもちろん、その時はじめて、噂ばなしをしていた大人たちの口調や態度のありようをおぼろげながら納得したのであった。ちなみに、そのことがあった後も二人の友情は違う高校へ進学するまで続き、私の質問によって彼女の内心にわだかまりが生じたかどうかに関しては知らないが、少なくとも私側の感情に関して言えば、私にとって彼女が彼女であることに何ら変化はなかったのである。

彼女の家族をヤギ集団、私の家族をオオカミ集団、そして、友人と私をメイとガブとして扱うことは適切ではないかもしれないが、この思い出を例えとしたのは、人間の場合、まだ先入観や偏見が入らない時代が子ども時代だと言いたかったからである。すなわち先入観や偏見が持ちこまれない世界、これが異質の認知システムどうしが融和できる環境だろうと思うのである。

しかし、もしも、彼女と出会う以前に、私の家族があらかじめ彼女の家に関して何らかの負の情報、つまり偏見や先入観を私に植えつけていたら、どうだろうか。子どものこころは純粋なだけ何色にも染まりやすい。子どもにとって親や身近な人間が言った言葉が真理や真実のすべてである。偏見を本当のこととして思いこんでいたとしたら、すすんで彼女に近づいていたかどうかは疑問である。

## 集団認知システム＝通常の論理

もちろん、考えなければならないのは、テレビが出始めたような昔のことではなく、ＩＴ社会における、子どもたちを囲む物質的環境が私の頃とは大違いの昨今の状況である。情報と物が溢れた環境に育つ子どもの認知システムが多様化することは当然であるゆえに、これからはますます異質認知システムだらけの社会になるであろうと予想される。こういう時代だからこそ異質認知システムがいいとか悪いとかという次元の議論にしてはならず、異質であっても互いに融和を導き出す教育が求められるのである。

異質な子どももどうし交流しながら、互いを理解しながら育つという教育の基本が求められるのである。子どもたちが育つ世界は、まさしくガブとメイが求めた「あちらの世界」であらねばならないのである。先入観も偏見もない世界で、個体認知システムがお互いの異質さを尊重しあいながら育つことができる世界である。負の異質認知システムを産み出さないためにも。

では、次の一文を材料にして偏見や先入観の本質を探ってみよう。

通常の論理的な一貫性が失われている男ムルソーを主人公に、不条理の認識を極度に追求したカミュの代表作（平成六年刷新潮文庫「異邦人」の裏表紙）

前記の文言は、ムルソーのことを「通常の論理的な一貫性が失われている」男と断言している。しかし、私は、このムルソー評価に対してある違和感を覚えたのである。私のムルソー評は、別の意味において一貫性のある男だと思っていたからである。

たしかにムルソーは母の死に対して世間が求める態度を示さなかった。そして、やくざ風な隣人との関わりあいは極力避けなさいというのが世間の勧めであるにもかかわらず、ムルソーは女衒を業とするようないかがわしい隣人のレエモンと関わった。両者はともに世間が眉をひそめる態度と行動であることには間違いない。

そうかといって、はたして、ムルソーを「通常の論理的な一貫性が失われている」男として断定してしまって、それで妥当なのだろうか。私は妥当だと思わなかった。むしろ、ムルソーの生き方にこそ彼流の論理的な一貫性があると、私は思ったのである。この私のうちに生じた齟齬（くいちがい）はどこからくるのかと考えた。

「論理的」という言葉のトリックだと気がついた。論理といえば、公理や真理と同義語であるかのような思い込みがあるから、「通常の論理」もまたこの世に一つだけ存在する公理や真理だと勘違いしてしまう。この思い込みもまた先入観である。すなわち、私が覚えた齟齬とは、ムルソーこそ論理的な一貫性がある人間だと思っている私の見解とは正反対のように見えたムルソー評（通常の論理的な一貫性が失われている男）に出会ったことからくる困惑であった。

この困惑は私に一つのことを気づかせてくれた。それは、「論理」という言葉の上に何か言葉をつければ、いくらでも論理は発生するということである。たとえば、「それはあなたの論理であり私の論理ではない」とか、「それはあの国の論理であり我が国の論理ではない」というふうに、「論理」は無限に発生する。

では、ムルソー流の論理的な一貫性を見ていこう。世間がどう思うと、世間からどう叩かれようと、行う理由があるとおのれが思えば行動し、理由がないと思えば行動しない、つまり行動と無行動のあいだには必ず彼が信じる理由があるという一貫性である。たとえば、理由があるから母を養老院に入れ、母の死顔を見る理由がないから見ない、レエモンの願いを断る理由がないから、願いを受け入れて手紙を書く、葬儀の次の日はたまたま休日で出勤する理由も部屋にこもる理由もないから泳ぎに行く、寝たいという欲求という理由があるから女と寝る、というふうにである。

人を射殺してしまう状況にムルソーが遭遇したのはもとはといえばレエモンと交流したからである。自身の保全や社会的風聞を気にする人間ならレエモンとの交流は最初から避けているところだが、ムルソーは避けなかった。むしろ、レエモンのやくざな性格を冷静に判断しながらも人間としてつきあった。これは、ムルソーが自分の態度や行動を決める際の判断基準のなかに先入観が存在していないことの証拠である。

広辞苑に、先入観とは「初めに知ったことによって作り上げられた固定的な観念や見解」とあるから、初めて人に知らせるあるいは教えるものはその人を囲む環境つまり世間の他にはない。したがって、世間によって作りあげられた観念や見解、つまり世間の教えが先入観ということになる。

世間の思惑はムルソーに通用しなかった。つまり彼には先入観がなかった。ムルソーは先入観を持たないゆえに、通常の論理的な一貫性が失われている人間として評価された。

すなわち、「通常の論理」とは先入観だということになる。さらに突き詰めれば、「通常の論理」とは、ある集団内だけに通用する論理であるから、集団認知システムそのものだということになる。したがって、集団認知システム（通常の論理）どおりの態度を示し行動していれば、その集団のなかで個体認知システムは安泰であり、逆にムルソーのように「通常の論理」から外れて生きると痛い目に会うことになる。

# 第四章　結論——教育の論理

さて、ここで論点を教育にもどし、子どもたちを囲む教育の世界にはどんな論理が理想的なのか考察していく。羽仁五郎が著書（『教育の論理』ダイヤモンド社）のなかで次のように述べている。

ゲエテがいっていたように、子どもたちを現在の世のなかに適合するように、その現在の世のなかがどんなに腐敗していようと、これに適合するように教育しようとしているのは、親たちのおちいりやすいまちがいであり、この子ゆえに迷う親たちのあわれなまちがいを挑発し、これに便乗しているのは現在の日本の文部省の罪悪である。子どもたちはわれわれの知らない未来に生きるために、どう教育されねばならないのか、そこに教育のもっとも重大な問題があるのだ（284頁）。

「現在の世のなかに適合する」ように教育するのは間違いであると、そして、子どもたちは現在の世のなかに適合するようにではなく、未来に生きるために教育されなければならない、と羽仁氏は主張している。

彼の主張を集団認知システム〈通常の論理〉という概念におきかえて解釈すると、「現在の世のなかに適合する」とは、集団認知システム（通常の論理）に従うという意味である。したがって、「現在の世のなかに適合するように教育する」とは、集団認知システム（通常の論理）に従うような子どもたちを育てるという意味になる。

この観点で現在の日本の子どもたちを囲む世のなかを見渡すと、日本社会における教育の集団認知システム（通常の論理）は「教育の目的は受験突破と高学歴取得」であり、そして、この集団認知システム（通常の論理）を培養しているのが入試制度だということが見える。

すなわち、子どもたちの伸びるあるいは開花時期を無視し、潜在能力が発芽する機会をあたえず、一律に点数で評価する。百点をとる子は頭がよく、五〇点以下をとる子は頭が悪い。これが日本社会にはびこっている「通常の論理」つまり教育の日本式集団認知システムである。

この集団認知システムは親や教師をとりこみ、親戚から近隣の人々まで日本中の人々をのみこむ。そして、この集団認知システムに便乗して権威権力を保持するために、入試制度という手段を用いてこの集団認知システムが消失しないように努力しているのが、羽仁氏が指摘する文部科学省である。大学等の教育機関や予備校等の教育産業も入試制度の存在があってはじめて成りたつゆえに、文部科学省と同じ穴のムジナである。これらムジナたちから直接に被害を被っているのが日本中の子どもたちである。

この日本式集団認知システムに完璧に犯されている親から生まれてきた子どもは特に不幸である。育てられる方向は点数至上主義という一本道だけであり、わき道も逃げ道も与えられない。点数で計れない子どもたちの特性は伸びる芽を摘み取られ、こころさえもついでのようにテストの点数で評価されがちである。点数がよければ真面目で良い子であり、悪ければ怠け者で悪い子となる。その証拠に、問題をおこした子どもを評するのに、校長や学校関係者は必ずその子の成績を語る。

では、子どもたちは「通常の論理」ではなく、どういう論理で育てられなければならないのか。それはまさしく羽仁五郎氏が言う「教育の論理」である。「通常の論理」に汚染されないために、「教育の論理」の一貫性をもって育てられねばならないのである。そこで、「教育の論理」とは何かであるが、羽仁氏は著書「教育の論理」の最初のページで次のように述べている。

道徳にかぎらず、学問でも芸術でも技術でも、なんでも教育は強制にちかづけば、人をひきつける力を失うので、教育が人をひきつけ、教育が有効であるためには、教育は自由でなければならない。……中略……日本はいまだかつて教育の自由が実現されたことがない。この本は教育の自由にささげられた詩なのだが、愛がセンチメンタルにおわらないためには論理でなければならない。教育の論理は、愛の論理が政治の論理とまじわる点に成立する（序にかえて）。

前記が「教育の論理」のすべてを語っていると、私は思う。あえて、羽仁氏の言葉を私流に解釈するならば、「愛の論理」とは「愛に満ちた子どもを囲む環境」であり、「政治の論理」とは「すべての子どもをすくいあげる教育制度」である。この両者がまじわるとは、両者が協力しあってはじめて「教育の論理」は成立するということである。

そして羽仁氏が言うように、教育は「自由」でなければならない。強制と強迫であってはならない。「自由」は子どもひとりひとりの学ぶ興味と伸びる時期を制約しないからである。嘘をつかないまっすぐなこころを成長させるためには、規制されていない駘蕩とした環境が必要なのである。規制の下で強制と強迫を受ける子どもの特性は殺され、こころは屈折させられる。この規制の背後には入試制度があり、規制から発生する「通常の論理」は日本人を永久に強制・強迫しつづける。

この「通常の論理」の一例がテストである。日本社会に蔓延しているこの一例とは、「テストは子どもの能力を計るものさしとして適切である」という先入観である。中学生の家庭教師をしたことがある。だから点数がつけられて戻ってくるテストを見る機会があった。ある数学のテストのなかに、扇形の面積や中心角、そして円の面積や円錐の体積を求める問題群があった。子どもは円の面積に関しては問題用紙の空白箇所に、〈5

〈半径〉×5×π〈円周率〉＝25π〉と小さい文字で計算していた。正解である。しかし、答を書くべき解答欄には25しか書いていなかった。πを書き忘れたのである。当然のように赤線が引かれている。点数は一点ももらえていない。このようなπの記載を忘れたために、無残にも赤い線が引かれていた解答欄が二箇所あった。その問題群はπを書き忘れた問題を含めて五問ぐらいあったが、一点も与えられていなかった。そして、それら問題群は思考する力を計る箇所だったらしく、その子どもの思考する力の箇所には0〈ゼロ〉と記されていた。解答欄には正解は一つも書かれていないわけだから、点数をつける教師としては当然といえば当然の処置であろう。

しかし、子どもの立場にたてば、その処置は不当である。私から言わせたら、思考する力が無いのは生徒よりも教師のほうである。解答欄だけを見て無思考に赤ペンを横に走らせる。思考する力はゼロだと評価された子どものこころを想像する力も持ちあわせていない。空白箇所に自信なげに書かれた計算式のいくつかを見れば、たとえそれらから正解が導きだされなかったとしても、限られた時間内に問題を解くために、その子がどれだけ必死に考えたか一目瞭然なのに、ゼロという数値で子どもの能力と自尊を一刀両断する。

点数がついて返されたテストの内容を見て、πのつけわすれだから一点ぐらいくれてもいいだろうと教師に要求できるぐらいの主張力のある生徒なら、自分がどういう間違いをしたか冷静にふりかえることができるから次のステップに進むことができる。しかし、テストが返されてくるたびに、点数が記された箇所を幾重にも折り曲げて隠すような子どもにとってのテストの点数は、致命的と言っていいほどに絶対なのである。ある問題に関して思考する力がないと全否定されたら、次に同じ問題に出会ったとき、その子はその問題に対して前向きに取り組むことができるだろうか？　難しいであろう。

さらに悪いことは、ほとんどの親がこの「通常の論理」にのみこまれていることである。テストの内容などいっさい見ずに、点数のみでわが子を評価してしまう。そういう親ほど、「テストがなければ子どもは勉強しない」と、テストを是認する。教師や親から点数で評価された子どもは自らをも点数で評価するようになる。その結果、子どもがほんらい持って生まれてくる自ら伸びようとする力さえも摘みとってしまうのである。

如何にテストが子どもたちの能力を否定し、伸びようとする特性を殺し、彼らのこころを傷つけていることか！　幾重にも折りたたまれたテスト用紙のはしを広げるたびに、テスト信奉という日本人の「通常の論理」つまり日本式教育の集団認知システムを生成しつづける入試制度への私の怒りは大きくなる。

# 第二部

# インターネット成育環境

# 第一章　インターネット認知システム

## インターネットコオロギ

最近の子どもは何故こうも切れやすいのか？　何故こうも特定の相手を徹底的にイジメるのか？　いや、子どもだけではない。最近は切れた大人がしでかす事件も多い。この原因として私は、日本人は入試制度がもたらす競争社会において受験戦士として育てられているからであると、考えている。とはいうものの、入試制度をイジメの原因とするだけでは如何にも説明が不充分である。入試制度は明治時代からあったが、現在のイジメの形態はここ三十年ぐらい前からである。そして、もう一つの疑問は、イジメは昔からあったが、現在のように陰湿的でも継続的でもなかったということである。最近では、相手が死ぬか立ち上がれなくなるまで徹底的に攻撃する。大人社会におけるイジメ現象も同様である。何故だろうか。いまひとつ的確な答を出せずにいたとき、ある興味あるデータに出会った。

ＴＢＳに「ネプ理科」という深夜番組があった。お笑いの要素をとりいれながら構成している科学番組である。あるとき、その番組で流されていた映像が私を釘付けにした。仲間から隔離されて育てられたため、黒く大きくなったコオロギが、隔離されないで育った同種のコオロギを死ぬまで攻撃し、あげくのはては食べてしまうという光景であった。これだと思った。その光景こそ、輪郭しか見えていなかったイジメの構造をはっきりとさせるために必要なデータだったのである。

しかし、その凶暴コオロギは食べられた小さめのコオロギと本当に同種なのだろうかという懐疑が私のうちに残った。コオロギが雑食かどうかは知らないが、そうであるのなら別種のコオロギを食べても、そう不思議なことではないからである。同じころ騒がれた、フジテレビ系列の「あるある大事典」という番組で放映した納豆ダイエットのデータ捏造のこともあった。そこで、このデータの信憑性を確認する必要があった。「ネプ理科」のスタッフに問い合わせて知ったデータの出所は金沢工業大学人間情報システム研究所の長尾隆司教授であった。データを欲しいという私の願いをきいて送ってくれた長尾教授の論文を読んで、私は自説が正しいという確証を得た。

それら論文のなかから、「ネプ理科」で放映していた光景を説明している箇所を、少し長くなるが、私が自分の言葉で書くよりも正確であるから、次に抜粋する。

自然に学ぶひとづくり――コオロギから学ぶ3億5千万年の智恵

9.2　キレるコオロギ

同じ飼育環境で育てても発育にばらつきが見られるので、体の大きさと闘争の勝敗の関係を調べてみた。その結果、体重差が一〇〇mg以内では体重と勝敗との間に相関は見られなかったが、一〇〇mg以上になると、体重差が大きくなるにつれて重い方が勝つ傾向にあることがわかった。そこで、生育環境が発育におよぼす影響を一定にし、さらに社会的な環境条件を整えるために、コオロギを集団と単独隔離に分けて飼育した。その結果、隔離コオロギは、発育が早く、体色は黒く、そして大きく育つのに対し、集団のコオロギは逆に、発育が遅い上、体色は薄茶色で、成虫になっても小さかった。隔離は透明なケースと完全な遮光ケースの二種類を用いて行った。透明隔離のコオロギは、触覚のみが遮断されている状態、つまり、見聞きはできるが触ることができないので、インターネットコオロギ（internet cricket）と命名した。上で述べたように闘争の内容は、接触の少ない紳士的なものから、激しくぶつかり合って相手を傷つける暴力的なものまでさまざまな段階がある。そこで、それぞれのグループからコオロギを選んで闘わせ、勝敗とともに攻撃性のレベルについても調べてみた。集団飼育のコオロギどうしを闘わせてみると、出会った途端に一方が逃げ出す場合や低い攻撃性のまま簡単に決着がつくことが多かった。ところが、隔離コオロギは、相手に関わらず攻撃性が高くしかも長く持続する個体が多かった。同じように隔離したコオロギでも、隔離の期間が長いものほど高い攻撃性を示した。中でも、**卵の段階から透明なケースで隔離飼育したインターネットコオロギは、他のコオロギには見られない異常ともいえる凶暴性を示した。相手が逃げても攻撃を止めず、相手が傷ついて出血すると更に攻撃性を増していき、ついには相手を殺してしまうものが多かった**。制御の利かないキレた状態という表現がぴったりするような闘いぶりであった。以上の結果を一言でまとめると「ふれ合いのないまま育ったコオロギはキレやすい」ということになる。つまり、コオロギの闘争も全てが遺伝的に決まっているのではなく、私たちと同様に生育環境の影響を強く受けるということを示している。

前記の太字が、私が「ネプ理科」で見たコオロギの様子である。すなわち、私がテレビで見た凶暴コオロギは、卵の段階から透明ケースで隔離された、つまり相手は見えるが接触できずに育ったインターネットコオロギだったのである。では、もう一方の隔離コオロギである完全遮光コオロギの攻撃性はどうだろうか。長尾氏は次のように述べている。

10.2　正常なコオロギとは?

完全遮光のコオロギも集団のコオロギより高い攻撃性を示したが、インターネットコオロギはそれ以上に高い攻撃性を示した。インターネットコオロギは攻撃性が高いだけでなく、攻撃時間も際立って長かった。隔離による仲間からの感覚入力の遮断、つまり社会的経験の欠如によってこのような異常な攻撃性が生み出されたのだろう。しかし、それだけでは完全遮光コオロギの方がインターネットコオロギよりも攻撃的であってもよいはずである。見えないし触れない状態と、見ることはできるけれども触れない状態では、どちらの方が強いストレスになるだろうか。**攻撃性は単に隔離による感覚系の遮断の程度に依存するだけではなく、感覚入力の不整合性を原因とするストレスも反映しているのだろう。**

完全遮光コオロギも攻撃性は高いが、インターネットコオロギの攻撃性はそれよりより高く、攻撃時間も際立って長いという。何故だろうか。長尾氏は、攻撃性の強弱は、遮断の程度だけではなく感覚入力の不整合性によるストレスが関係しているのであろう〈太字個所〉と述べている。

## インターネットコオロギと認知心理学

透明隔離状態を私なりにコオロギの身になって想像すると、四六時中エイリアンに囲まれているような身の毛立つ恐怖である。コオロギを百％擬人化して語ることはできないかもしれないが、私という人間もコオロギも同じ生物である。与えられた環境のなかを生きのびるための危険察知とその危険を回避するための行動様式等の基礎的部分は人間もコオロギも同じはずである。長尾氏も論文のなかで、「人間もコオロギもそのような生命活動を維持するために、神経や筋肉といった共通の部品を用いている。神経の数こそ桁違いに違うが、そのしくみや働きに大きな違いはない。それどころか、神経間の伝達や行動の調節に関わる脳内ホルモンには、ほとんど同じものを使っている」と述べている。

ここで、序論で述べた、認知心理学の「情は知に先行する」という理論を思い出してみよう。山の中で細長い紐のようなものを見たとき、人はまず恐怖を感じ警戒心を持つ。これが「情」である。なんだ、蛇ではなくて縄だったのかと情報処理して警戒心を解く。これが「知」である。すなわち、生物が生きのびるために持って生まれてきた生来の**認知・認識**能力が「情」であり、生まれてきてから、これもまた生きのびるために、学んでゆく**認知・認識**（情報処理）能力が「知」であると考えられる。

コオロギの場合であっても、「知」を形成する要素は環境からの感覚入力以外のなにものでもないはずである。つまり、コオロギの一定の脳内ホルモンに作用するように入力させる装置が環境だということになる。したがって、環境によっては、「知」を形成しないで「情」だけを増大させた個体の出現もありうるのであって、まさに、この例がインターネットコオロギであろうと、私は推測する。

具体的には、コオロギの「知」を形成する装置は自然環境と仲間や敵との接触から得る「学び」であろう。接触して、自分の命を脅かすものか、そうでないものかを確認していく過程で「知」は形成されていくはずである。したがって、実験室におけるコオロギだけではなくて、自然界におけるコオロギも比較の対象にしなければならない。自然界におけるコオロギについて、長尾氏は次のように述べている。

10.2　正常なコオロギとは？の続き

これまで述べてきたコオロギの行動を振り返ってみると、集団のコオロギは正常であり、インターネットコオロギは異常のように思える。しかし、自然界のコオロギ、特に成虫はむしろ隔離に近い過疎状態で生息しているのが普通である。実際に石垣島で採集したクロコオロギの成虫は、体が大きく体色も真っ黒で外見はインターネットコオロギに極めてよく似ていた。実験室の集団コオロギに比べて明らかに活動性も高く、飼育ケースに入れても蓋がなければ飛び出して部屋の中を飛び回るものが多かった。それでも、彼らは決して雌を攻撃することはなかった。

では、インターネットコオロギの雌に対する行動はどうだろうか？　長尾氏は次のように述べている。

## 9.3　性行動の発達と雌への攻撃

他の雄に対して異常な攻撃性を示すインターネットコオロギの雄は、生まれて初めて出会う雌に対してどう振る舞うのだろうか。羽化したインターネットコオロギの雄に対して、十二時間おきに性的に成熟した集団コオロギの雌に出会わせてみた。羽化後二日半までは一匹として交尾に成功するものがおらず、六割以上の雄が雌に対して攻撃を行った。しかも相手が雄の場合同様、高い攻撃性を示してひたすら相手を攻撃し続け、最後には相手を殺してしまうケースが多かった。しかし、羽化後三日目以降になると、次第に交尾ができる個体が増えていき、七日目には全ての個体が交尾に成功した。交尾の成功率に呼応するかのように、雌への攻撃は次第に減少していき、羽化後六日目には見られなくなった。

ここで、クロコオロギとインターネットコオロギとの共通点と相違点とを見てみよう。この作業の過程で、何が彼らの「知」を形成させ、何が彼らの「情」を増大させるか見えてくるはずである。

共通点は体格と体色、つまり頑強という肉体的優位である。この肉体的優位を創った環境はともにいつなんどき敵におそわれるかもしれないという緊張感であろう。この緊張感が脳内ホルモンに作用して頑強な肉体的優位を備えさせたと推測される。クロコオロギの場合は自然界における見えない敵に対する構え、インターネットコオロギの場合は見えているが情報をいっさい持たない敵に対する構えである。

相違点は緊張感のかたちである。クロコオロギの場合は、自然や敵に関しての情報をある程度は持っているから、恐怖感はあっても、その恐怖感は持続しない。自由に逃げることもできるし、ときにはリラックスすることもできる。インターネットコオロギの場合は、常に見させられていて、しかもこの見させられているものの正体の情報の一切を持っていないから、強烈な恐怖感がともなう。しかも常に見えているわけだからリラックスすることができない。逃げることのできない常時的な恐怖感を入力されながら育てば、「情」が増大するのは当然であろう。

では、「知」を形成するものは何なのだろうか。環境から受けとる情報入力である。具体例の一つは、子どものとき仲間と触れあったことが有るか無いかである。クロコオロギの成虫が自然のなかでたとえ仲間と離れた過疎状態で生息していようとも、卵から孵ったばかりの時は少なくとも兄弟姉妹と触れあっている。触れあいながら自然のなかで情報収集しながら育っている。だから、この触れあいという過程を経て仲間に対する**認知・認識**を得たクロコオロギは雌を攻撃することはないと考えられる。

インターネットコオロギは触れあうという過程をいっさい経ずに育った、つまり仲間という**認知・認識**が形成されなかった。だから、同種の雌コオロギであっても得体が知れないものなのである。その得体が知れないものと初めて触れあいそうになったとき、殺さなければ殺されると、恐怖心からみさかいもなく攻撃行動に出るのは、生き物として当然の行動であろう。

クロコオロギは「知」を形成する環境で育つから、その「知」で「情」を抑制することができる。しかし、インターネットコオロギは「知」を形成しない環境で育つから、「情」を抑制することができない。したがって、「情」だけがやたら増大することになる。

長尾氏は、インターネットコオロギと完全遮光コオロギの他に、金網ケースで隔離したコオロギでも実験して次のように述べている。「集団コオロギも金網隔離コオロギも積極的に金網ケースによじ登り両者の触れあいの頻度は高かった。……金網隔離コオロギの雄は羽化後二日目で交尾できるものが現れはじめ、四日半で全ての個体が交尾できるようになった。……金網隔離コオロギも雌を攻撃したが攻撃性は低く、……以上の結果は、生育時のふれ合いの程度が攻撃性や性行動の発達に深く関わっていることを示している」と。

攻撃性や性行動の発達にふれ合いの程度が深く関わるのであれば、完全遮光コオロギの攻撃性が最も高いはずであるが、そうではない。その理由を「知」と「情」をもって推測すれば、すべての情報から遮断されれば、「知」も形成されないが、「情」も増大されないということであろう。

## インターネット認知システム

コオロギの攻撃性の程度は成育時のふれ合いの程度と不整合性に関わるということが判明したところで、次に人間について考える。人間の子どもも、他の生物体と同様に、「情」の内容に人間特有のものがあるにしても、空腹や不快等で泣き、満腹や快等で泣き止むというように、生まれてきたときは、基本的には「情」だけであろう。それが育つ過程で、親や周りの人々との「触れあい」を重ね、そして、環境からいろいろの情報を入力して、人としての「知」がそなわってくると考えられる。

したがって、人間の子どもも、インターネットコオロギと同じ状況設定で育てたら、攻撃性が高い人間になるのではないだろうかという推測は成りたつ。もちろん、人間の子どもをコオロギのような状況において実験することはできない。しかし、最近の子どもたちが育っている環境を、成育時の「触れあい」に関して客観的に観察すれば、インターネットコオロギをつくりだす状況設定と、その程度の差はあれ、似ている場合がないわけではない。

たとえば、子どもとの接触は授乳時とおむつ交換のときだけで、ずうっとテレビに子守をさせる、なんていう状況設定はどうだろうか。映像は見え、音は聞こえてくるが、触れあいは無い。さらに授乳やおむつ交換にしても、無言で機械的に実行されれば、触れあいは無いに近い。これは、まさにインターネットコオロギをつくった環境である。これほど極端ではなくても、昨今の子どもは、親の無知やエゴ、経済状態により、これに近い状態で育てられている場合が少なくないはずである。したがって、人間世界においても、不整合的な感覚入力を原因とした攻撃性の高い人間が多く育成されてしまっているのではなかろうかという推測は成りたつ。

攻撃性の高い人間とは、「知」を充分に形成できずに「情」のみを増大させた結果、周辺の対象物に対して衝動的に情動行動を開始する個体認知システムのことでもあるので、以後、長尾氏が命名したインターネットコオロギにちなんで、このコオロギを育てたような環境で育った人間をインターネット認知システムと呼ぶことにする。情報は眼前に溢れるが触れることはできないという意味において、昨今のインターネット社会は、ある一面において、インターネットコオロギが育つ環境と似ていると思うからである。ちなみに、インターネットとは地球のまわりをクモの巣のように張り巡らした相互に連結できる眼に見えないネットワークのことである。あらゆる情報はこのインターネットを通じて私たちの眼前に現れるが、私たちはけしてその実体に触れることはできない。見えるが、実体に触れることができずに育つコオロギをインターネットコオロギと名づけた長尾氏の明察には敬服である。

## 「触れる・触れあい」の意味

我が家に飼い猫が二匹いる。名前はワトソンとタイシャ。二匹とも前身は捨て猫であった。ワトソンは米国生まれ、タイシャは日本生まれである。彼らが私と同居しだした時期は、おそらく彼らの大きさから、ワトソンは生後三ヶ月ぐらい、タイシャは七ヶ月ぐらいだったろうと思う。私と住みはじめた時期も、年齢もともにワトソンのほうが先輩格である。森の中から彼らを拾ったわけではないが、生きる環境を家の内か外かで区別すれば、彼らはともに野育ちを経験していることになる。そんな彼らの行動から、「触れる」とはどういうことか、「触れあう」とはどういうことかを考えてみる。

安全このうえない家の内においても、彼らは見たこともない物体に対しては、まず「触れて」みる。もちろん、物にもよるが、闘争か、あるいは逃走か、瞬間的に対応できるように心身を緊張態勢におきながら近づいていく。たとえば、いつもの場所にいつものように横たわっている電気コードには無関心だが、同じコードであっても、いつもと違う場所に横たわっていれば、それなりの警戒をはらう。しかし、こういう警戒も、同じ経験を何回もすれば、どんなコードでも、それがどこに横たわっていようと微塵の関心をよせなくなる。すなわち、触れることによって、その対象物が危険か否かを確認することができたから、それ以後、その物体に対しての緊張感を強いられずにすむのであろう。

言葉は悪いが、小動物を見つけたら、それが動かなくなるまでいたぶるのが、猫の習性である。ゴキブリや家蜘蛛なんかを見つけたら、まず爪を出して引っ掛けてみる。危険でないと見たら、前脚で押さえつけてしばらく様子を見る。動かなければ、ちょっと離してみる。弱った虫が逃げようとゴソゴソ動き出せば、また押さえつける。こういう猫動作も、彼らにとっては、闘争か、あるいは逃走かを決定するうえで脳が命令する必須の動作なのであろう。

ある日、帰国して初めての春、ワトソンが玄関先で猫動作を執拗に行っていた。何ごとかいなと、近づいた私の足に十センチはゆうにあるムカデが這い上がってきた。とっさのことで、ギャーと叫んだか、どれくらい跳びあがったか、私自身には記憶はないが、おもいっきり足をふったのであろう、ムカデは土間に落ちていた。そのムカデ、ワトソンによるいたぶりのおかげで、だいぶ弱っていたとみえて、私を刺す元気はすでになく、私によって難なく箸でつかまれて外に追い出されたのである。私は刺されなかったが、気の毒にワトソンはみごとに刺されていた。しばらくして腫れあがりだしたワトソンの片目辺りは、かわいそうに一週間ぐらい怪談のお岩さんのようになっていた。

この家には何故か春になると必ずや二匹のムカデが入ってくるが、ワトソンはこの小動物は刺すということを「触れる」ことから学んだのであろう、以後彼が刺されている様子はない。何故、ムカデが入ってきていることが分かるかというと、毎春のように瀕死のムカデを家のなかで見つけては、箸でつかんで外に捨てているのは私だからである。おかげで私は一度も刺されていない。

次に「触れあい」について考える。「触れあい」とは、触れた時、触れた対象から何らかの反応を受けるという相互作用である。だから、ワトソンとムカデとの最初の出会いは、ワトソンにとっては闘争を決定するため、ムカデにとっては逃走（失敗に終わったが）を決定するための「触れあい」ということになる。しかし、「触れあい」が担う役目は「闘争か逃走か」を決定するためだけではない。「触れあう」ことによって情報交換、親睦、交渉等が発生する。すなわち、「触れあう」とは、すべての種にインプットされた、敵、味方を見極めることによって無駄な争いを避けると同時に、情報交換したり、協力したりしながら環境を生き抜き、同種は同種どうし、あるいは異種どうしであっても、共存と繁栄を成立させるためのＤＮＡ装置だと考えられる。

さて、私（人間一人）と猫一匹との「触れあい」生活はタイシャが後から加わることによって、複雑にそして楽しくなった。ワトソンとタイシャという猫どうしの「触れあい」の模様は、時の経過とともに徐々に変化してきたし、私とタイシャとの「触れ合い」模様も同様であった。私から触られただけでも体をギックと硬直させていたタイシャがこの家の同居人としてワトソンと同じ権利を主張するようになり、ワトソンのパンチに対してはパンチで応酬し、私に対しては、ワトソンと違う方法ではあるが、直接にコンタクトしてくるようになった。しかし、ワトソンのように私の膝の上に自らのってきて喉をゴロゴロと鳴らすという行動をとるには、しばらく時間がかかった。

ちなみに、ワトソンだって、最初からこの行動をしていたわけではない。人間の足もとに擦り寄ることはしても、けして自らの意思で私の膝の上にのってくることはなかった。そんな彼が突然に私の膝にのってきたのは、つまり自らの意思で「触れあい」を求めてきたのは、成田空港の検疫施設で二週間もの隔離生活を経験した彼を、成田から連れ帰ったその日である。すなわち、タイシャとワトソンの変化は、環境の変化とそれに伴って発生した「触れあい」が彼らの認知システムを、それぞれに変えたと言えるのである。

人間を含めた生き物にとって、「触れる」や「触れあう」という行為が不可欠である理由は、触れたり、触れあったりすることによって互いに不安、恐怖、興奮、警戒等の心身の緊張から解放させられるからである。触れてみれば、その対象に対して警戒や緊張が必要か、不必要かが判明する。必要な緊張の場合はそこから心身を遠ざける（逃げる）ことによって継続的な心身の緊張から解放され、不必要な場合は最初から緊張しなくてすむ。つまり、触れることによって、心身の緊張を長期的に継続させずにすむということである。そして、触れあうことによって、友好術やコンタクト術等を学んでいくのである。

もちろん、ことにあたるときどきの緊張は必要である。しかし、そういう緊張は脅威等が過ぎされば終わる。しかし、日常的に続く継続的な緊張は、人間にとって、長尾氏が主張する「不整合的な感覚入力」以外のなにものでもない。インターネットコオロギの例から、特に成育過程における継続的緊張は高い攻撃性を発揮する脳を育成してしまうということを見てきた。このことは、児童虐待やネグレクトが発達途上の脳に不可逆的なダメージを与える（「児童虐待が脳に残す傷」Martin H. Teicher／【別冊日経サイエンス一五四】）という最近の研究結果と同じである。児童虐待もネグレクトもともに異常な「触れあい」であることは明白であり、ネグレクトになると、まさにインターネットコオロギやインターネット認知システムを育てる環境に近い。

# 第二章　インターネット認知システムと脳科学

## 小脳虫部

前段落にも書いたが、児童虐待やネグレクトは、成育時における異常な「触れあい」という点において、インターネット認知システムを形成する環境設定と同じであるという前提のもとに論じていく。資料のほとんどは『別冊日経サイエンス・脳から見た心の世界パート二（別冊一五四）』のなかのタイチャー（Martin H. Teicher）の論文「児童虐待が脳に残す傷」からであるが、『別冊日経サイエンス一五〇』内のG・ロートによる論文「意識の起源を求めて」からも二箇所抜粋する。

私がタイチャーの論文にまず興味を持ったのは、そのなかにハーロウ（Harry F. Harlow）の名前を見つけたからである。以前、私は拙本『入試制度廃止論』のなかで、ハーロウが提唱したラーニング・セット（leaning sets／習熟準備性）をとりあげて、その子ども自身の習熟準備性が整う以前の段階においての早期トレーニングは無益かあるいは有害でさえあり、ときには学習的悪癖をつけてしまうかもしれないと、早期教育の弊害を述べている。ということで、まず、ハーロウの研究部分から考察していくことにする。

一九五〇年代にハーロウは、ぬいぐるみの母に育てられた子ザルと、本当の母ザルに育てられた子ザルを比較した。ぬいぐるみを母として育ったサルは、社会的に異常な行動をとり、成体になるとひどく攻撃的になった。ハーロウと一緒に仕事をしたルイジアナ・デルタ霊長類センターのメイソン（W.A.Mason）

は、ぬいぐるみの母を横に揺らすだけで子ザルの症状が少し和らぐことを発見した。米国立小児健康・人間発達研究所のプレスコット（J. W. Prescott）は、この動きが小脳の真ん中にある「虫部」という部分に伝えられると考えた。…中略…ツーレン大学のヒース（R. G. Heath）は、ハーロウのぬいぐるみに育てられたサルでは、海馬と小脳虫部のすぐ近くにある小脳室頂核に異常があることを発見した。（Martin H. Teicher ／112頁）

ぬいぐるみの母とのあいだには何ら「触れあい」は生じないので、ここまでの検証をかんがみても、ぬいぐるみを母として育ったサルが攻撃的になるのは必然である。したがって、ぬいぐるみの母に育てられたサルをインターネットサルと断言してもよいと考えられる。そして、ぬいぐるみの母を揺らすだけで子ザルの症状が和らぎ、この動きは「虫部」に伝えられると考えられるともある。そこで、次に知りたいのは、「虫部」の働きである。

小脳虫部がノルアドレナリンやドーパミンの放出を制御しており、これがうまくいかないと、抑うつ状態や精神病、注意不足、多動症状を引き起こす可能性がある。ドーパミン系が活性化すると、左半球が右半球よりも活発な状態（左半球優位）に移行する。このとき、その人は言語で何かを考えてたり、話をしたり、聞いている状態となる。逆に、ノルアドレナリン系が活性化すると右半球優位の情動的な状態へと移行する。奇妙なのは、小脳虫部が辺縁系の電気的活性を調節するのを助けていて、虫部が活性化すると海馬や扁桃体の発作を抑制できる、という点だ。（Martin H. Teicher ／112頁）。

前記抜粋文は、小脳中部はノルアドレナリンやドーパミンの放出を制御し、そこが活性化すると海馬や扁桃体の発作を抑制できると言っているわけだが、ここに二つの疑問が浮上する。一つめは、海馬や扁桃体の発作を抑制できないと、どうなるのかということと、二つめは、左半球優位だとどうなるのか、右半球優位だとどうなるのかということである。最初に一つめの疑問を解明していこう。

扁桃体は「恐怖の中枢」と呼ばれることもあり、恐怖や身の危険を感じるような刺激を認識し、無意識あるいは意識下の情動をつくる。…中略…海馬とその周囲の皮質が仲介する記憶の内容も、意識に非常に重要な意味を持つ。意識記憶は「陳述記憶」とも呼ばれ、二タイプある。一つは意味記憶で、人や場所、時間などとは直接関係ない事実によって構成される。これとは対照的にもう一つのエピソード記憶は、自分に関係のある具体的な経験を含む。エピソード記憶の中核をなすのは、自分と自己認識の基盤となる生活暦記憶だ。現在の学説によれば、エピソード記憶をつかさどるのは海馬であり、その周囲の皮質が意識記憶をコントロールしている。（「情動と記憶」G・ロート／別冊150／59頁）

意味記憶とは受験に必要とされるような記憶であり、そこに感情は介入しない。そして、エピソード記憶とは経験や出来事の記憶であり、明らかにそこには感情が介入する。したがって、情動をつくる扁桃体に対して作用する記憶はエピソード記憶であり、そのエピソード記憶をつかさどるのは海馬である。この一連の作用を虐待というエピソード記憶をもって具体的に考えると次のようになるであろう。心身を傷つけ悩ませてくるイベント（event／出来事）は海馬に記憶され、無意識あるいは意識下において、扁桃体に作用して恐怖、脅威というような情動をつくる。それが辺縁系――記憶や情動を制御する原始的な皮質領域（別冊154／109頁）――の興奮性を高め、激怒あるいは不安、ときには攻撃という情動反応の表出をもたらす。

すなわち、成育期に適切な「触れ合い」を十分に受けて育てば、「小脳虫部」が正常に育つから、ノルアドレナリンやドーパミンの放出を適切にコントロールできるし、海馬や扁桃体の発作をも抑制できる。よって、大人になったときに何か嫌な辛いイベントに出会っても辺縁系の興奮を抑制することができる。しかし、成育期を児童虐待やネグレクトという不適切な「触れあい」環境のなかで育てられると、「小脳虫部」が正常に育っていないから、ノルアドレナリンやドーパミンの放出を適切にコントロールできないし、海馬や扁桃体の発作をも抑制することができない。だから、恐怖や脅威という情動を容易に発生させ、辺縁系の興奮を容易に導いてしまう。つまり、切れやすく攻撃性の高い人間になってしまうということである。

## GABA受容体

加えて、発作を抑制できない直接的な原因として、ストレスが与えられると海馬や扁桃体に存在するGABA（抑制性神経伝達物質）受容体が変化してしまうという研究結果もあるという。

マッギル大学のミーニー（Michael J. Meaney）とエモリー大学のプロツキー（Paul M. Plotsky）は、ラットの子どもにストレスを与えると、海馬や扁桃体に存在する分子の組成が変わることを示した。その重要な結果の一つが、扁桃体でのGABA受容体の変化だ。GABA受容体は、ガンマアミノ酪酸（GABA）という脳の最も重要な抑制性神経伝達物質と結合する。GABAは神経細胞の電気的興奮を抑えるから、もしGABA受容体がうまく働けなくなると、興奮が抑えられないまま、過度の電気刺激をもたらし、発作が生じてしまう。強いストレスを受けたラットでは、GABA受容体を構成するサブユニットの組成が変化していた。この発見は、虐待を受けた人の脳波異常と辺縁系が興奮しやすいという私たちの発見と見事に一致する。（Martin H. Teicher／111頁）

ＧＡＢＡ（抑制性神経伝達物質）がいくらあっても、それと結合して信号を伝達させる受容体が本来の姿を変えてしまえば、抑制するための神経伝達物質は海馬や扁桃体に伝達されない。一方、後に抜粋するが、海馬にはＧＡＢＡ受容体とは逆の働きをするコルチゾル（ストレスホルモン）に対する受容体が高濃度に分布するので、ストレスは抑制されることなく、どんどん海馬に受け入れられることになる。したがって、オーバーに言えば、成育時にストレスを与えるということは、もともとストレスを受け入れやすい海馬や扁桃体をさらに刺激し辺縁系を常に興奮させてしまい、結果的に切れやすくて高い攻撃性を示す人間を育成してしまうことになる。

## 両半球の統合

次に、左半球優位脳と右半球優位脳の違いを見てゆくことにする。

一九九七年、当時エール大学医学部にいたブレムナー（J. Douglas Bremner）らが、子ども時代に身体的または性的な虐待を受けた一七人の成人の脳をＭＲＩを使って調べてみた。一七人全員に心的外傷後ストレス障害（ＰＴＳＤ）が見られた。…中略…ＰＴＳＤに苦しむ虐待経験者の左の海馬は、健康な人に比べて平均して一二％小さかった。しかし、右の海馬は正常サイズだった。…中略…一方、ピッツバーグ大学医学部のド・ベリス（Michael D. De Bellis）らは、虐待を受けＰＴＳＤに苦しむ四四人の子どもと比較対照のための六一人の子どもを注意深くＭＲＩで調べた。その結果、海馬サイズに明らかな差は見つけられなかったと一九九九年に報告した。（Martin H. Teicher／109頁）

前記は、左脳の海馬が小さいのは成人に限ったことであり、子どもの脳には明らかな差はみられないと言っているわけだが、これをどう解釈したらいいのだろうか。次の抜粋文のなかに解答を見る。

海馬はゆっくり発達するためにストレスに対して弱いだけでなく、生まれた後も新しい神経細胞が成長し続ける数少ない領域の一つだ。また、海馬には他のどの脳領域よりも、ストレスホルモンであるコルチゾルの受容体が高濃度に分布する。海馬の巨大神経細胞はストレスホルモンにさらされると形が変わり、死ぬこともある。（Martin H. Teicher ／111頁）

海馬は発達するまでに長い時間がかかるから、ストレスの影響を大人になるまで長い間受け続けてしまう。したがって、海馬の大きさというような解剖学的な差は子どものときにあらわれずに、成長して大人になったときにはっきりとあらわれるのだろうと、タイチャーは解釈している。ということで、成育時に児童虐待やネグレクトのようなストレスを受けながら育つと、左脳の海馬は正常に発達しないということが判明したわけである。

そこで、湧いてくるのが、左脳の小さな海馬はその人間の行動にどういう影響を及ぼすのだろうかという疑問である。

大脳の左半球は言語を理解したり表現するのに使われていて、右半球は空間情報の処理や情動、特に否定的な情動の処理や表現をおもにしている。…中略…虐待を受けた経験のある人たちは、中立記憶を考えているときには圧倒的に左半球を用いており、嫌な記憶を思い出すときには右半球を使っていた。対照群では、どちらのときも同じ程度、両方の半球を使っていた。対照群では、反応が両半球間でうまく統合されているわけだ。（Martin H. Teicher ／111頁）

前記にある「中立記憶」とは楽しくも辛くもない記憶のことである。虐待経験のある人たち（左脳の海馬が小さい）が「中立記憶」を思い出すときは圧倒的に左半球を用い、嫌な記憶を思い出すときは右半球を用いるのに比べて、対照群（健常被験者）では、中立記憶を思い出すときも嫌な記憶を思い出すときも、両方の半球をバランスよく使っていたという。このことから考えられるのは、左半球の海馬が小さいと、その機能が未熟なゆえに、左半球と右半球の分業がすすんでしまい、中立記憶を思い出すときは左半球のみを使用し、嫌な記憶を思い出すときは右半球だけを使うようになるのではなかろうかという考え方である。

両半球が統合して機能すれば、嫌な記憶を思い出すときでも、右半球に発生する負の情動が、思考する左半球によって抑制され、辺縁系へ移行するときブレーキの役目をする。ところが、嫌な記憶を、情動をつかさどる右半球だけが処理すると、負の情動はブレーキを受けることなく、辺縁系を直接的に興奮させてしまうという考え方である。

くわえて、タイチャーは左右半球の統合がうまくいかない原因として「小さい脳梁」をあげている。境界性人格障害の患者の脳梁（左右の半球を繋ぐ神経線維の束）は小さく、左右の大脳半球の統合がうまくいかないから、左優位から右優位の状態に突然に移行しやすいに違いないというのである。左半球と右半球の優位性が変わると、それまでとは異なる情動や記憶が生じるから、友人や家族と親しげに接しているかと思えば、急に怒りだしたり、反抗的な態度になったりするのだろうと。ちなみに、境界性人格障害の原因としては今のところ、幼少期のトラウマ体験あるいは脳の生理的な脆弱が重要視されているが、ここにも成育期のストレスが介在していることに注目するべきである。

## 掃滅すべきはインターネット環境

　ここまでの検証を総括すると、成育時に虐待やネグレクト等のストレスを受けると、小脳虫部にしろ、左半球の海馬や扁桃体にしろ、脳梁にしろ、正常に育たないということが判った。そして、これら正常でない領域は適切に機能せず、それゆえに電気信号の不適切な伝達や各種化学物質が適切に放出されないということも判った。これらの諸条件が脳を情動優位の状態に導いてしまい、攻撃的な行動として表出させてしまうという結論にいたるのである。

　ところで誤解を防ぐために、ここで確認しておく。人間の場合は、実験室で育てないかぎり百パーセントのインターネット認知システムをもった個体は存在しないということと、環境によって、それらしき認知システムの個体が出現したとしても、それは、あくまでも、その認知システムに近い個体にすぎないということである。人間の子どもは大人になるまでには長いスパン（span／期間）がかかるゆえに、環境設定を短期間でくぎり、こころや性格を細切れ的に確定するわけにはいかない。長いスパンのあいだには、「情」を抑制できるだけの「知」を形成する環境に出会うこともあるし、その逆の「知」を押さえ込むほどに「情」が増大することも起こりえるからである。だから、病名のようなものを設定して、子どもに一定のレッテルをはってはならないと私は考える。

　では、何故に、成育過程において正常な「触れあい」が与えられず情動反応が超過敏になってしまった個体をインターネット認知システムと名づけ、負の異質認知システムの一つとして位置づけしたかといえば、インターネット成育環境から子どもを護り、そのような認知システムを育成してはならないと願うからである。

# 第三章　インターネット認知システムと言語環境

## 変化する脳の配線

子どもを囲む環境として、まず念頭に浮かぶのが家族である。ほとんどの家族形態が夫婦と子どもで構成される核家族になって久しい。一組の夫婦がもつ平均的な子どもの数はおよそ二人である。しかも、最近の出生率は一パーセントなにがしである。成育時に子どもが触れあうことができる人数は限られている。

とはいえ、核家族のすべてが一様におしなべて悪いというわけではない。核家族でも、父や母や兄弟姉妹との触れあいが頻繁にあり、ときには祖父母との触れあいがあり、近隣の大人たちや子どもたちとの触れあいがありと、触れあいの質と量にバランスがとれていたら、問題はない。

問題は、核家族であろうとなかろうと、生まれてきてから子どもが与えられる「触れあい」の量と質である。虐待やネグレクトのような悪質な「触れあい」ではない良質の「触れあい」が多く与えられる環境が必要なのである。良質の「触れあい」が多い環境であるならば、成育時の子どもを囲む環境はなにも両親親族で形成される家族とは限らない。したがって、家族の形態はインターネット成育環境の要件にはなりえないと考えていいだろう。

では、インターネット成育環境の要件とは何なのか。タイチャーが彼の論文の終わりで怖いことを言っている。

ヒトの脳は、経験によって再構築されるように進化してきた。…中略…幼いころに激しいストレスにあうと、脳に分子的・神経生物学的な変化が生じ、神経の発達をより適応的な方向に導いたとも考えられる。危険に満ちた過酷な世界の中で生き残り、かつ、子孫をたくさん残せるように、脳を適応させていったのだろう。…中略…社会は自分たちが育てた子どもによって報いを受ける。極端なストレスは、さまざまな反社会的行動を起こすように脳を変えていく。しかし、これは本人にとっては〈適応〉なのだ。…中略…このとき、ホルモンの量がほんのわずかに変化し、子どもの脳の配線を永久に変えてしまう。そして、他人の不幸を喜ぶような冷酷な世界でも生き抜けるように適応しうるのだ。（Martin H. Teicher／113～114頁）

脳の配線が永久に変わるということは、暴力や虐待は世代をこえて受け継がれていくということである。これが事実であることは、子どものときに虐待を受けた親は自分の子どもを虐待してしまう傾向にあるという現状、あるいは、世代をこえて民族間の憎悪や怨恨は引き継がれるという現状が示している。したがって、子どもたちの脳の配線を永久に変えてしまうような成育環境をインターネット成育環境と定義するべきなのである。

日本においても、動機のところでどうにも理解しがたい子殺し、親殺し、行きずり殺人が多くなってきている。こういう社会の現状を見たとき、日本人の脳そのものが変化してきているのではなかろうかという疑いを持たざるをえない。だからこういう事件をおこさせた真の動機は、脳内活動における電気伝達や化学作用にまで及ばせて追求しないと、その切片さえも見えてくるわけがないのである。

したがって、インターネット成育環境を、他者の目にもはっきりそれと分かる児童虐待やネグレクトだけに限定せず、その範囲を広め、かつ表層の裏に潜む闇の奥にまで光をあてて、子どもたちが育つ環境を見直さなければならないのである。「触れあい」のない状態においやっていないかと、あるいは継続的なストレスにあわせていないかと。

## 言語は「触れあい」の道具

インターネット・コオロギのところで、視覚や聴覚の感覚入力だけではストレスを増大させてしまうと知った。均衡的感覚入力のためには直接に触れるという触覚が重要だということを知った。見たり聞いたりしただけでは、相手が敵なのか味方なのか判別しようがないからである。相手との関わり方を学べないからである。

もしも生物に「触れあい」という情報交換の方法が与えられていなかったら、互いの存在そのものが恐怖をひきおこす原因となり、すべての生物に種の存続のためにインプットされたＤＮＡによる恐怖の原因を排除するための攻撃は、その種自身が自滅する極限、つまり自滅しあうという事態にまで発展してしまうかもしれない。すなわち、生物がその生物の分別をもって互いにその環境に生きて子孫を増やすためには、まず「触れあい」という触感覚による情報交換が他のどの感覚よりも重要になるのである。三重苦のヘレン・ケラーが水の感触によって、光と音を失う前の入力感覚をとりもどしたように。

ヘレン・ケラーの例は言語の重要性を知らしめるのである。井戸のポンプから流れてくる冷たいものを手で受けながら、ヘレン・ケラーはその冷たい感触のものが「水」だということに気づいた。ものには文字による名前があり、文字は意味をもっているということに気づいた。水の感触と水という言葉の一致がヘレンの認識回路に道を通したのである。

すなわち、暗闇にいるヘレン・ケラーを音と光の世界に導くのを助けたのは言語だった。そしてヘレンに人間性をとりもどさせてくれたのも言語だった。この場合の人間性とは哲学的な意味ではなく、己が人間らしく社会生活をおくるために必要な根源的な認識機能のことである。この根源的な認識機能とは、己が生きている社会と文化を**認知・認識**する能力である。現実の経験世界を認識し、空想世界を認識し、己の願望や意思を認識することである。

この根源的な**認知・認識**機能を発達させるために不可欠な道具が言語である。人間にとって言語は、知識の習得に欠くことのできない道具であることはもちろんだが、根源的な**認知・認識**機能の発達のためにも欠くことのできない道具なのである。したがって、人間の「触れあい」に言語は必須要件なのである。子どもが生まれた当初は、感触と言語は共同して「触れあい」を提供するが、子どもが長じるにしたがって、言語の役割はより大きくなり、やがて、挨拶や抱擁等は別にして、「触れあう」ための媒体は言語へと移行するのである。この過程が適切であれば、子どもの**認知・認識**機能は正常に発達し、自分の存在と居場所に意味を見出し、自分が付属する世界の具体的な状況を習得できるようになるのである。もちろん、言語とは音声をともなうものだけを意味しない。

## 言語環境が導くインターネット成育環境

言葉は意味をもつがゆえに両面性を持つ。この両面性とは、言語は人を幸福へと導くこともできるが、使用方法によっては、逆に不安や恐怖をひきおこす原因になりうるということである。言葉だけでも恐怖をひきおこせることは次の実験が示している。

自ら直接経験しなくても、私たちは恐怖を学習できる。ある実験の被験者に「青いライトが点灯すると軽い電気ショックが流れるが、黄色のライトが点灯したときにはショックはない」と説明した。それから青いライトを点灯させると、実際には電気ショックを与えていないにもかかわらず、扁桃体をはじめとする恐怖反応にかかわる脳領域が活性化した。黄色のライトを点灯させたときには全く反応はなかった。

（「言語が引き起こす恐怖」R・ファース／別冊150／73頁）

言語がいかに成育期の子どもに大きな影響を与えるか、一つの実例で考察してみる。バージニア工科大学でおきた銃乱射事件がある。一人の男子大学生が教室に突然とびこんで銃を乱射し、無差別的に多くの人を殺し、そして自ら死んだ事件である。事件そのものも衝撃的だったが、もっとも私に衝撃を与えたのは、犯行声明をする際、カメラレンズに向かって、彼が憎悪する対象のすべてを総称して「YOU／おまえ・おまえたち」と叫んだことである。

彼は、異国の地にいる見も知らぬ私を名指しして「YOU」と呼んだわけではない。しかし、彼が憎悪のかぎりをぶつけてきた「YOU」のなかの一人として、私は自分自身を振りかえずにはいられなかった。ドージア（Rush W. Dozier Jr.）の言葉が思い出されたからである。ドージアは次のように述べている。

憎しみが生じるのは生物が古代からもっている生存の本能に、激しい嫌悪と怒り、ステレオタイプ化、そして「われら対、彼ら」という区別が結びついたときだ（『人はなぜ憎むのか』ラッシュ・W・ドージア Jr.河出書房新社／17頁）。

「YOU」と叫んだ彼が認識していた己と他者との境界は、ドージアの言う「われら対、彼ら」ではなく、それよりもさらに強く孤立した「わたし対、おまえたち」であった。「わたし」と「YOU」で区切った彼の心境は、まさに、透明の箱に囲まれて育った一匹のインターネットコオロギの心境と同じだったのではなかろうか。大勢の敵に囲まれて崖っぷちに一人立つ壮絶な孤独感と恐怖感である。

彼が育った環境に関して、私が知っていることは、彼が八歳のときに一家で韓国から米国へ移住したことだけである。この情報だけから、どれほどの真実がつかめるか分からないが、彼から「YOU」と呼ばれたその一人として、彼の脳がその配線を変えていった環境の一端でも考えてみなければならないと思う。

八歳以後の彼を育てたのは、家のなかは韓国文化、家の外は米国文化という環境、つまり混種文化である。文化には学問、芸術、宗教、言語等といろいろあるが、特にアイデンティティーが定まらない成育時の子どもに強い影響を与えるのは言語である。彼は八歳のときに韓国語圏から英語圏に移されたわけであるが、そのあたりの言語環境の変化について考えてみる。

言語と認識との発達段階の関連性を簡単に位置づけした、ドナルド（Donald M. Wilfred）体系というものがある。それによると、子どもが生まれてから大人になるまでの発達段階は次のように四つに分けられている。

〈〇歳―一歳半〉…揺籃期…episodic（エピソード風の）期
〈一歳半―四歳〉…初期子ども期…mimetic（模倣の）期
〈四歳―一〇歳〉…中期子ども期…narrative（物語風の）期
〈一〇歳―大人〉…青年期…theoretic（理論の）期

ドナルド体系によれば、八歳は中期子ども期にふくまれる。この時期の言語的特徴は、理論期に移行するための準備段階である。発語表現が発達する時期でもあると同時に、読み、書き、数学、分類体系が発達しはじめ、認識的には、周辺の人々やできごとを物語風に見たり考えたり、個人的記憶をはじめたりと、周辺文化を学習しはじめる時期である。

したがって、八歳ぐらいまでに身につく言語力はたかが知れているということである。日常会話的には困らないが、複雑な感情を相手に伝達できるほどには発達していないし、論理的に思考できるほどにも発達していない。しかもバージニア工科大学銃乱射犯人は男子である。一般的に男の子の言語発達は女の子のそれよりも遅い。こういう彼が突然に英語圏に移された状況を想像してみる。

米国が他国からの移民を受け入れる政策をとっていたとはいえ、多数派である白人アメリカ人には潜在的な感情も含めて白人至上主義的な差別意識をもっている人たちは少なくない。大人社会においては隠されている差別意識だが、子ども社会においては、子どもが正直なゆえにどうしても大人社会の意識の反映が表出する。異様に響く異国の言語を発する彼が、いじめられたかどうかまでは分からないが、容易に受け入れられなかったであろうことは想像にかたい。

こころの痛みを説明できるほどには彼の母国語は発達していないから、家族にこころの痛みを充分に伝えることはできないし、自分のこころを癒すこともできない。そして論理的に自身を納得させることもできない。これはもう継続的なストレスである。加えて、成長して英語で表現できるようになっても、こんどは両親のほうが英語を知らない。したがって、家族のなかにいても孤立しやすかったであろう。こころを語る言葉を知らないから、抑圧は解放されず内に蓄積される。こういうストレス環境のなかで、彼は育ったと想像される。

学校教育を受けて、意味記憶のための言語として、名門大学に入学できるほどには英語力が発達したとしても、英語が彼のアイデンティティーを表現しえる言語に成りえたのだろうかという疑問は残る。成長期に自分だけ知らない言語にさらされる環境は、まさしく、相手の姿だけで、その情報の一切を知らされないインターネットコオロギの環境と似ている。おそらく、英語というわけの分からない言語音が彼に不安と恐怖を与えた時期もあったに違いないと想像する。

言語はアイデンティティーそのものゆえに、アイデンティティーの確立に必要なのは母国語という第一言語である。基本的なアイデンティティーが確立した後であれば、第二言語にきりかえられても、第一言語で充分な思考ができるから、不安や恐怖というストレスをそれほど受けずにすむ。しかし、それ以前に言語のきりかえがおきると、一時的な言語喪失状態になり、大きなストレスにさらされてしまうと考えられる。

表層的には、彼は英語という第二言語を与えられ、「通常の論理」で考えれば、バイリンガル（bilingual二ヶ国語を話せる人）になれてよかったということになる。しかし、深層をのぞけば、韓国語も英語も中途半端のまま、彼自身を充分に表現し、他者と「触れあう」ために自由に操ることができる自身の言語を失ったということになる。恐怖をよびおこす言語の英語を好きになれるわけがなく、英語への嫌悪はやがて英語を話す人々全体への嫌悪へと変化していったのかもしれない。こうやって、彼は「逃走か闘争」という孤立の世界に、次第に追い詰められてしまったと、私は想像する。仲間と触れあう機会をとりあげられて育ったインターネットコオロギのように。

ところで、私は彼の成育期の環境を追跡調査してはいない。する必要はないと考える。もちろん、彼を銃乱射実行に移させた直接の原因は特別にあっただろうと推測するが、直接の原因を調査する意味はないと考えるからだ。焦点をあてるべき問題は、長い一生のあいだにはいくらでも起こりえる個々の直接原因ではなく、インターネット認知システムを育てるインターネットコオロギというレッテルを貼ってすませることができるが、人間の場合はそうはいかない。環境が人間の認知システムの形成に大きく関わっているということを認識したら、人間の叡智をもって、超過敏な情動を育てる環境そのものを掃滅しなければならない。私たち全員が平和な社会で安心して生きられるように。

すなわち、平和な社会をとりもどすために、私たちが**認知・認識**しなければならないのは、インターネット認知システムは、自ら勝手に育つのではなく、育てられているという事実である。

## 言葉と認識

言葉と認識は関連して発達するということの実際をみるために、「中期子ども期」の自分を思い出し、ドナルドの主張と照らしあわせてみる。

私は独り言遊びが多かったらしいが、おそらくその頃の私は物語のなかに生きていたのかもしれない。四歳か五歳のころに体験した、人が聞いたら、へえそんなことがという些細なイベント（できごと）が私の記憶に鮮烈に残っている。

当時はほとんどの道路がまだ舗装されていなかった。天気がよい日は砂ぼこりがまいあがり、雨が降ればぬかるむ。私が生まれ育った家の前の道もそんなだった。季節は枇杷が熟れる時期だった。黄色くて美しい枇杷の実をひとつ、もらって初めて食べた。甘くてみずみずしくて……、食べ終わったのち、掌に残った種は大きくて、捨てがたいほどにきれいだと思ったのだろう、家の前にできていた小さな水溜りのなかに、私はしゃがんで、そっと入れた。すると、その種が日の光を受けて水のなかでキラキラと輝きだした。その輝きを見ている私に、私の想像力はいくつかの楽しい物語をかたりかけてきて、長いこと、その水溜りから目を離せられなかったというイベントである。

このイベントを後から考えれば、私が初めて宇宙とか自然とか、そのなかに存在する自身の認識とか、そんな空間の不思議さを初めて感じさせられたイベントだったような気がする。かといって、宇宙とか自然などという言語表現は今の私がしていることであって、当時の私がこの言語表現とまったく同じように認識していたかどうかは、言語表現力を得た今の私がタイムスリップしてその時の認識を再び経験してみなければ分かりえるはずはない。いや、これも真実ではないだろう。今の私がそんな光景を見たって、水溜りに日の光が射せば当然におこりえることとして、記憶の片隅にも残らないと思うからである。

しかし、私がこのイベントをけして忘れないでしばしば思い出すのは事実である。理由としては、このイベントが私の**認知・認識**に強烈なインパクトを与えたに違いないからであろう、という推測はなりたつ。

子どもには生物としてのDNAという支柱があり、その支柱を社会文化的条件という環境がとりかこむ。そして、生まれてきた子どもが大人に育っていく過程には、両者のダイナミックな相互作用が存在する。DNAによる作用が認知・認識であり、社会文化的条件を代表するものが言語だと、私は思う。言語は**認知・認識**のために重要な役割を担い、そしてまた、**認知・認識**も言語の発達には欠かせない。すなわち、言語と**認知・認識**は連携しあって人のこころを形成していくと考えられるのである。

六歳になり小学校へあがると、毎日が楽しくてしかたがなかった。授業は楽しかった。先生の話は一方的だったが、その言葉のすべてはすんなりと私の耳に入ってきた。先生の顔をみつめているだけで、新知識は私の耳から入ってきた。そんな私だったが、一つだけ嫌いな授業があった。それは作文の時間だった。「はい書きなさい」と言われて手渡された原稿用紙を前に、書いたり、消したり、また書いたり消したりと、一時間、ただ原稿用紙を黒く汚すだけの私だったのである。そして、何故か、人前における発言も嫌いだった。発するべき言葉が出なかったからである。だから小学生であった六年間、先生の質問の答えが分かっているときでも、私は一度も手をあげなかったという記憶がある。すなわち、「中期子ども期」の私には、それ相応の言語力とそれにともなう認識力はあったが、それ以上の能力をこえて発する言葉を知らなかったし、認識もなかったというだけのことだったと、今になって思うのである。

一九六〇年安保闘争があった。当時私は中学一年生（十二歳）だった。国会前デモの様子はテレビで見て知っていた。翌日、ホームルームの時間が始まるやいなや、教師は名指しで私に、昨日の事件をどう思うかと訊いてきた。私は黙って立ちつくした。どう思うかと問われても、私には答えようがなかったのである。許されて私が着席した後に、男子生徒が手をあげて答えていたが、私には、彼の答えも意味ある言葉としては入ってこなかった。このことを家に帰って母に話したところ、「だから、昨日言ったでしょう」という言葉が返ってきて、私はびっくりした。国会前デモをテレビで見ながら、母は意見らしきことを私に言ったというが、私にはその認識さえもなかったからである。

当時、学校の成績は良いほうだったので、教師は社会的あるいは政治的意見を私から聞けるだろうと期待していたのかもしれないが、安保の認識も、それに関わる政治的な知識もない、公民をまだ学んでいない中学一年生から言葉を引きだそうとするほうが無理だったのである。だいたいが当時の私の認識範囲は家と近所と学校と友人と非常に狭く、とうてい米国と日本との関係にまで及びようがなかったのである。認識が無ければ言葉は出ようがなく、言葉を知らなければ認識は確実なものになりえないということの体現として、私はいつもこの中学一年生のときのイベントを思い出す。

私が「作文が苦手だった」と言うと、みんな口をそろえて、「嘘でしょう」と言うが、本当のはなしである。私が書きたいと欲し書きだしたのは書きたいものに出会った時期（四十歳近く）になってからである。もちろん、幼いころから本は常に私の友だった。次はヘレン・ケラーの運命的教師であるサリバン女史の言葉であるが、自分自身の経験をもって私は、この言葉が真理だと理解する。

書くためには、人は書くべきものをもたねばならず、書くべきものをもつには、精神的な準備が必要である。書くことが自然で愉快な仕事になるには、観念が記憶され、知識によって心が豊かになっていなければならない。子どもは、何か言いたいことをもつ前に書くことを強制されることが多すぎる、と私は思う。自己抑制することなしに考え、読み、話すことを考えれば、彼らは書かずにいられなくて書くようになるだろう。…中略…誰かが主張したように、言語は私たちが生活で経験したもの以上のことを表現することはできない、というのは正しいかもしれない。（『ヘレン・ケラーはどう教育されたか――サリバン先生の記録』アン・サリバン／明治図書出版／121～122頁）

# 第四章　インターネット成育環境の実際

## 放火は透明ケースの破壊

高校一年の男子生徒が自宅に放火して義理の母親と異母兄弟を殺してしまうという事件が奈良県でおきた。遅々として進まないこの本の執筆作業を始めたのが二〇〇六年五月で、奈良県の事件が起きたのが同年の6月である。その時から、私はこの事件を私の仮説を立証する例として検証するつもりでいた。

当初私がニュース報道から知りえていた情報は、男子生徒の英語の点数が悪かったということと、父親が医者であることぐらいであった。追求されるべきは個人事情ではなく、個人事情を生ませている社会全体の環境であるから、男子生徒の生い立ちやら家庭事情等、まして少年審判にまで立ちいって調査しなければならないとは考えていなかった。しかし、事件からしばらくして、『僕はパパを殺すことに決めた／草薙厚子著』―以後「僕はパパ」と短縮記載―が出版された。拙仮説を立証するためには、読まないという選択肢はなかった。

英語の点数が悪いだけで家に火を放し、結果的に家族を殺してしまった。誰にも理解できない理由である。しかし、理解できないのは、ものごとの表層だけを見ているからである。子どもが学校から持ち帰ってくるテストの点数などに拘泥しない家庭環境で育った子どもなら、テストの点数が悪かったぐらいでは、自分の擁護者であるつまり愛の対象である親に殺意を抱くはずがない。こういうものごとの真相に気づけば、殺すことを思いついた少年が如何にテスト中心に育てられてきたか、生かされてきたかということに気づくはずである。

彼が生かされるための目的は良い点数をとること、それに尽きていた。だから、少年の成育環境は勉強に必要なものだけで満たされ、それ以外のものはすべて排除されていたと考えられる。すなわち、彼が燃やした家はまさに、彼にとっては、インターネットコオロギを育成した透明ケースと同じであったという私の推測は、実際に「僕はパパ」を読んでみて、確証へと変わったのである。

「僕はパパ」の内容は、著者による簡単な所見を載せてはいるが、そのほとんどが事件関係者の供述調書の写しで成りたっている。この本は出版後しばらくして出版差し止めになったが、そんなところに理由があったのだろう。ところで、私の論証基軸は、今まで論じてきたように、「ＤＮＡは環境なしでは無力」である。この基軸に従えば、少年は放火をするように育てられてしまった被害者である。加害者は育てた父親と、父親を育てた環境と、私たち日本人を覆っている社会的環境である。そこで、著者の所見に影響されることなく、少年を育てた側の供述よりも、育てられた少年の供述により多く焦点をあてて、育成されたＤＮＡの深層を探るべきだと考える。少年は少年審判において次のように言っている。

——お父さんだけが嫌なんだったら、お父さんを殺したらそれで済む話だよね。こんな家は出ていくというのはどうして。

少年　家が嫌だった。

——何が嫌だったの。

少年　雰囲気、構造。

——どんな雰囲気だったの。

少年　怒られてるという思い出しかないし、いつも家族がバラバラというか、僕だけ孤立しているという……。僕は孤立しているし、お父さんも孤立しているし。

——君が孤立しているのはどうしてなの。

少年　家では何か喋ったことが怒られる話題になるから、もうできるだけ喋らないようにしてました。家では仮面をつくるというか、本音とかもほとんど言わないし。

――いつからそうなったの。

少年　中学校からずっとそうです。

――中学校から。

少年　小学校も、多分ずっとです。

（「僕はパパ」228〜229頁）

少年は、「家ではしゃべったことが怒られる話題になるから、喋らないようにしていた」と言っている。この言葉は、少年は自らの意思で家庭内でのコミュニケーションつまり「触れあい」を避けていたということを意味している。そして、「家では仮面をつくる」とも言っている。これの意味もまた、自らの意思で自分の感情や思考の吐露を抑えていたということである。

仮面をつけ、家人との触れ合いを絶つとは、家のなかで自分の存在が気づかれないように、息を殺して生きるということである。見逃してならないのは、この生き方を少年は自分の意思で小学生のころからしてきたということである。

何故か？　そうしなければ安心して生きていけない成育環境に少年は生きていたと考えるのが妥当であろう。仮面をつけなければ生きがたい家を誰が好きになるだろうか。嫌いにきまっている。そんな成育環境の家を少年が憎悪し、身体の成長を待って、その家、つまり自分を拘束していた透明ケースを壊すか、自分が逃避するか、どちらかを選択するのは、時間の問題であったろうとは容易に想像できる。

少年の身体が育つのを長いあいだ待っていたのは少年の脳である。鉄拳制裁付きの勉強指導という虐待を父から受け続けて、生きのびるために、配線を少しずつ変えていった少年の脳である。

## 家庭という名の透明ケース

少年は「家が嫌だった」と言っている。「家庭は子どもを護り育てるためのより良い環境」という通常の論理（先入観）があるが、そして、たいていの場合、家庭は子どもを護り育てる愛情に満ちた場所であるが、少年の場合の家庭はこの通常の論理どおりにはいかなかった。

家庭の経営者――たいていの場合は親――が子どもに虐待のような継続的な緊張を強いる育て方をしたとき、子どもにとっての家庭は苦痛に満ちた場所になる。生きていくための衣食住を家庭に依存しなければならない子どもにとっては、ときに家庭は逃げ場のない地獄のような場所になるからである。

幼いときの子どもの視界は狭く、しかも親にもっとも強い信頼をおいている。だから、子ども自身はこの地獄性に気づかない。しかし、長じて視界が広くなり、自分が置かれている場所や生かされ方を**認知・認識**できるようになれば、この地獄性は親によってもたらされている、つまり自分の敵は親だったと知るのである。

息を殺して家のなかにひそむ感覚というものがどんなものか、筆者の幼いころの記憶を簡単にたどってみる。私の父親は気に入らなければすぐに怒る癇癪もちであった。叩く、蹴る、物を投げると、言葉よりも手がさきに動く人であった。父の癇癪の被害をこうむっていたのはおもに母親であったが、悪戯ざかりの兄も被害にあっていた。

私はといえば、父の癇癪の被害にあったことはない。というよりも、父は私をかわいがっていたと、聞いている。たしかに、私は父から叱られたことも叩かれたこともない。それは父と二人きりで家にいるときは、父の癇にさわらないように、自分自身の存在を隠すように息をひそめていたからである。

子供心にも、家のなかに父と二人きりのときの私は、すごく緊張していたことを憶えている。このことが原因だったのか、それとも生来のものだったのか、子供心にもじっと耐えることは知っていた。おかげで、「この子は居るか居ないか分からないほど大人しい」とか、「この子はそこに居ろと言われたら何時間でも騒がず泣かずそこに居る」と評価されたものである。

こういうエピソードがある。両親ともに不在だった台風の夜、私は蒲団のなかでレインコートを着て平然と寝ていたというのである。大人たちはよくそのことを話題にして、おかしな子だと私を指差していた。そのことが何故話題になるのか、当時の私には分からなかったが、長じて考えるに、入園前の子どもなら台風が怖くて泣きあかした状態で寝入るのが普通なのに、一人ぼっちにもかかわらず、レインコートを着て、蒲団をひいてそのなかできちんと寝ている子どもの状態は大人の予想をこえていたということなのだろう。

むかしの木造の家はどこもかしこも透き間だらけだった。台風がくれば、家じゅうのガラス窓は今にも割れそうな音をたてていたし、トタン屋根、戸板、そして窓を叩く雨音と、風が唸る音は家じゅうに響いていた。そんな家のなかに一人でいても私は少しも怖くはなかった。いや、怖かったかもしれないが、たとえ台風の日であろうと、父が在宅していないほうが私にとってはよかったのであろう。

窓の外に吹き荒れる雨風を見ながら、母の帰りを強く願っていた幼いこころがいて、その同じこころで、父が帰ってこないことを強く望んでいたという光景を微かに思い出すのである。台風は嫌だけれど、それに父への緊張感が加わることはもっと嫌だったということであろう。つまり、私が怖かったのは台風や雷などではなく、予告もなしに突如として発生していた父の癇癪のほうだったのである。ただし、母が家にいるときは、私の緊張はほぐれ、意識せずに楽に呼吸できていた。母が家に居るときは、父が家に居ても、私は家のなかでくつろげたから、母が緩衝の役目をはたしていたのだろう。私にとって幸いだったのは、母が気を許すことができる実母だったということと、癇癪もちの父だったが、少年の父親とは違って、子どもの成績にはいっさい頓着しなかったことである。おかげで、最後まで父を好きにはなれなかった私だが、父や家に対して憎悪の感情までは抱かずにすんだともいえる。

私の場合は、自らつくった隠れケースに、自らの意思で、隠れたいときだけ入ったのであるから、私の成育環境はインターネット成育環境ではなかったとは言えるが、自分の体験を述べたのは、家庭とは子どもを庇護する場所という通常の論理があるが、そうでない、あるいは「虐待家庭」もあるということを認識してほしいからである。家族に囲まれていても、その家族のありようによっては、その家族のなかで生きのびるために、継続的な緊張にさらされている少年のような子どもたちが大勢いるということを。

## 情動優位への過程

奈良の少年を育てた家庭はまさしく「虐待家庭」だった。そこで、その「虐待家庭」で、少年の脳を情動優位へと導いていった過程を少年の供述からみていくことにする。次の供述は、少年が四歳から小学校入学までの状況を示している。

僕はお祖母ちゃんの家で生活するようになりました。当時の年齢は4歳くらいですから、細かいところまではよく覚えていませんが、お祖母ちゃんの家から幼稚園に通うようになりました。僕はこのころから、パパやお祖母ちゃんに言われて、お祖母ちゃんの家の近くにある子供塾の学研や公文に通うようになりました。…中略…幼稚園や子供塾に通い、夜はパパに勉強をさせられるようになりました。2階の部屋にあったちゃぶ台のような机に座らされて、パパに勉強をさせられたのを覚えています。算数の足し算、引き算、国語のカタカナ、ひらがなの問題を集中的にやっていたと思います。勉強の時、僕がパパの思っている通りのことができないと、なんでそんなんできへんねやなどと言われて、怒られたり頭を叩かれたような記憶があります。お祖母ちゃんからも勉強を教えられたことがあり、お祖母ちゃんはこのころから、勉強して賢い子になりや、一生懸命に勉強して、将来、頭の偉い人になりやと言って、僕に大きな期待を持っていました。僕は毎日、勉強をさせられながら、小学校に入学するようになりました。（「僕はパ

パ」89～90頁）

では、実母が家を出ていくまでの四歳以前はどうだったのか、母親の供述から見ていく。

私は、息子が生まれてからも元夫から本人の気分で暴力を振るわれ続けていました。息子が一歳くらいになってからは、元夫が私に暴力を振るう理由は、息子の教育方法が悪い、という理由になっていきました。…中略…元夫は家の跡取りとして、息子に異常な期待をかけており、息子の教育にはいくらお金をかけても惜しくないといった感じで、息子が一歳くらいになると幼児教室に通わせたりしておりました。元夫は、息子には常に一番になって欲しい、という思いがあったようです。幼い息子に絵の書いたカード等を見せては、これ何、と言ってテストしたりし、息子の能力を毎日チェックしていました。そしてこのチェックに息子が合格しないと、元夫は私に、何でこんなんもできへんねん、お前の教え方が悪いからや、と言っては殴る蹴るの暴力を振るうのです。このようにして、息子が生まれてからは、元夫は息子の育て方が悪いと言っては暴力を振るうようになり、この後も私が実家に逃げ帰るまで暴力はずっと続いていました。元夫は息子の教育には熱心でしたが、自分で何かを教えるということはなく、私に指示して、自分はその出来具合をチェックするといった毎日でした。…中略…私は息子の教育方法で毎日元夫から暴力を受け続けており、別居をする直前には元夫が自宅に帰って来る時間が近づくと、胃が痛くなったりして、精神的にかなり追い詰められていました。またこんな精神状態でしたので、息子には申し訳ないのですが、この子がちゃんとすれば暴力を振るわれなくて済むと思うようになり、息子には元夫のチェックに受かるように厳しくあたっていました。いまとなっては幼い息子にかわいそうなことをしたなと、申し訳ない気持ちで一杯です。（「僕はパパ」69～73頁）

一歳ごろから小学校入学という就学以前でさえ、異常な勉強漬けの成育環境におかれていた少年である。就学以後の状況は、少年にとって凄惨な成育環境であったことは想像にかたい。凄惨さは彼が中学生になるとその度合いを増していった。中一の冬休み明け課題テストの成績が悪かった時のことについて、少年は次のように供述している。

パパは僕の学習能力について、学校で行われるいろんなテストの結果と学年順位で評価をしていました。ですからテスト結果の悪いときは常に怒られていました。僕は小学校の時の成績はダントツでしたが、中学校に入ってからは学校のレベルが相当に高く、中学1年生の時の成績は学年生徒数176人中130番くらいでした。当然、このような成績ではパパが許してくれるわけがなく、さらに厳しい勉強をさせられるようになりました。…中略…僕の成績は、全科目平均点以下でした。僕はこの成績表を見て、パパが知ったら厳しく怒ると思いました。そこで僕はパパに怒られないための方法として、成績表の改ざんを考えついたのです。…中略…パパの様子から成績表を改ざんしたことが分かってしまったと思い、僕はパパに、この前パパに渡した成績表を変えた、ごめん、と正直に言って謝ると、パパは鬼のような形相になって、いきなり僕の髪の毛を右手で掴んで引っ張りながら、ちょっと来いと怒鳴って僕を書斎まで連れて行きました。その場でパパは、スリッパを履いたままの足で僕の顔や体を踏みつけるようにして蹴ったり、両手を使って顔や体を殴ってきました。この時パパは、なんでお前はこんなことするんや、なんでこんなに成績が悪いんやと怒鳴っていました。僕はパパの怒りを鎮めるために、ごめんなさい、ごめんなさいとひたすら謝りました。…中略…それまでにも、パパに髪の毛を引っ張られ、暴力を受けたことは何度もあります。あまりの痛さに手で頭を触ると、髪の毛がボロボロ抜けることがありました。パパから何度も同じような暴力を受けたものですから、机に落ちた髪の毛を手で一ヵ所に集め、今日はパパにこれだけ髪の毛を抜かれた、と毎回同じことを繰り返すようになりました。（「僕はパパ」125〜127頁）

何をされても従順だった少年は、中学二年生の夏休み、初めて父親に反抗する。

小学生までは、パパに暴力を受けたり怒られたりすれば、その場で泣いたりしていましたが、中学生になってからはパパに怒られても泣かなくなり、逆に睨み返したりして、パパに憎しみを感じるようになりました。…中略…中学二年生の夏休みが終わったころ、初めてパパに抵抗したことがあります。いつも通り、パパが勉強の監視をしている時、急に怒って僕をなぎ倒し、暴力を振るい始めました。…中略…僕はパパから暴力を受けながら、とうとうガマンの限界が切れ、パパに対し、なんでそんなに殴るんやと怒鳴って、逆にパパの顔などを殴り返してやりました。しばらく僕とパパは書斎で殴り合いを続け、最後にそのケンカが収まると、パパは、はよせえやと言って勉強をするように言いました。初めての殴り合いを境にして、その後も同じようなケンカが二度三度とありました。このころの僕は、パパに対する憎しみがますます増えていきました。なんで交通事故を起こしてケガせんねや、海釣りに行って遭難でもして来いや、とパパの命が危険にさらされるのを強く願うようになっていました。しかしこの時僕は、パパに対して死ねとまでは考えていませんでした。（「僕はパパ」136〜137頁）

少年の学年があがればあがるほど当然に勉強内容は難しくなる。したがって、勉強指導という名の虐待もエスカレートしていった。

僕が高校一年生になる前の春休みのことです。いつも通り、パパの書斎で勉強を監視されながらやっている時でした。この時、僕は数学の勉強をしていて、一つの問題に時間をかけていると、パパは僕のシャープペンシルを取って、問題の答を見ながら僕に解き方を教えました。その問題の解き方を教え終わったころに、パパは怒って僕に、こうやって解くんや、分かったんかと怒鳴って、いきなり手に持っていた芯の出たシャープペンシルで、僕の頭頂部を突き刺しました。僕は一瞬、頭に電気が走ったような痛みを感じ、痛いなあと言ってパパを睨み付けました。するとパパは、はよせぇやと怒鳴ってきましたが、僕はシャープペンシルの芯が頭の中に残ってしまうことが気になって、パパに、どうしてくれんねやと言い返しました。パパは怒った顔で、はよせえやと怒鳴りつけました。頭を手で触っていると、パパに突き刺されたところにシャープペンシルの芯が刺さっていたので、勉強中に抜きました。（「僕はパパ」154～155頁）

誕生してから事件をおこすまでの少年の人生は勉強だけだったと言っても過言ではないだろう。父親による鉄拳制裁付きのマンツーマン指導は両親が離婚した四歳の頃から始まっているし、それ以前も父親の命令に従って実母が早期教育をほどこしていた。

まさに、少年にとって彼の成育環境は地獄であったろう。「（仮面をつくるのは）小学校も多分ずっと（229頁）」という少年の言葉からも分かるように、少年が地獄性をはっきりと**認知・認識**しだしたのは中学生からではあるが、**認知・認識**した時点で、それはもうずっとであったということに気づいたのである。**認知・認識**した時点から、身の危険を察知した少年のＤＮＡが、この地獄を破壊するか、それともこの地獄から逃げ出すかのどちらかを思索しはじめるのは当然の帰結である。

すなわち、医者という育成目標を背負わされた少年は、誕生後すぐに卵から透明ケースに隔離されたインターネットコオロギのように、勉強させるために設定された成育カリキュラムという透明ケースに閉じ込められたとみなしても過言ではなかろう。

「成育カリキュラム」という透明ケースに閉じ込められていたのは、なにも奈良の少年だけに限らない。受験突破が成育カリキュラムの目標に設定されている日本の教育環境であれば、程度の差はあるにしても、多くの日本の子どもたちはこの透明ケースのなかで育てられているとみなすことができるはずである。

ただ、奈良の少年を閉じ込めていた透明ケースはあまりにも頑強すぎた。誰もその扉を開けて彼を逃がしてくれようとはしなかった。継母だけが開けようと試みたようだが、透明ケースの頑強さに対して、彼女の力は如何にも弱かった。

パパが僕に暴力を加えたり怒ったりした時は、ママが心配して書斎に何度か様子を見に来る時がありました。その時ママは、そんなに怒ったんなぁ、と言って僕をかばってくれましたが、パパはママに、お前は邪魔するな、と怒鳴って、ママを突き飛ばしたりする暴力を加えていました。その後、弟や妹が生まれてからも、僕への勉強の教え方でパパとママが揉めたことが2～3回はありますが、その時パパはママに、お前は○○（少年の名前）のことは黙っとけ。いままで言わんかったけど料理もっと上手く作れ、お前は下2人の世話だけやっとけやと怒って、ママにも僕と同じような暴力を加えたことがあり、それ以後、僕がパパに怒られていても、ママはパパからの暴力を恐れ、見て見ぬ振りをするようになりました。また僕はママがパパから暴力を受けているのを止めようとはしませんでした。僕自身、巻き添えをくいたくなかったからです。（「僕はパパ」104～105頁）

## 複層構造の透明ケース

出身大学が人生の明暗を分けるという集団認知システム〈日本の文化〉のもとでは、経済的余裕がある親なら誰しも、わが子の幸福のためという大前提のもとに、「成育カリキュラム」という透明ケースにわが子を閉じ込めてしまう傾向がある。

ここで、「情は知に先行する」という認知心理学を思い出そう。生まれてきたわが子にはじめて対面したときの親の全身はまさに愛という「情〈生物が生きのびるための生来の**認知・認識能力**〉」に満たされる。そこにはまだ、子どもを持って初めて学んでいく**認知・認識**能力、つまり情報処理能力の「知」が入りこむ余地はない。

その本能的愛は、子どもが幼くしてときに見せる知的所作を見て、わが子は天才かもというような幻想を抱き、その幻想をさらに肥大させていく。その肥大した幻想をバックアップするのが、「わが子の幸福のため」という大前提である。

大前提が「わが子の幸福のため」だけなら、まだその子どもは救われる。子どもがなんらかの痛みの信号を発したときに、わが子は幸福ではないと**認知・認識**するからである。それら**認知・認識**から親も子育てを学び、「知」を得て、「情」の発生を抑制できるからである。「知」という情報処理能力をそなえた親ならば、透明ケースの中でわが子がほんとうに幸福か否か、あるいは幸福になれそうか否かぐらいは見極めることができる。しかし、奈良のケースの場合、父親には子育てに関しての「知」はかけらもなかったと見るべきだろう。

何故か。「わが子の幸福のため」という大前提は「親のステータスのため」という大前提へと移行していたからである。いや、もしかして、彼にはもともと「親（自分）のステータスのため」という「情」しかなかったのかもしれない。「情」は生来のＤＮＡである。父親のこのＤＮＡは自分の両親、つまり少年の祖父母から受けついたものである。いや、ＤＮＡは環境を生き延びるために変化することから考えれば、受けついたというよりも、育てられた環境のなかで変化をとげたという推測ができる。
父親の母親（少年の祖母）は次のように供述している。

私自身も息子（註・少年の父親）を育てるにあたりかなり厳しく教育しています。と言いますのも、私どもの親戚のほとんどが医者か薬剤師という環境であり、親戚の間では、生まれた時から自然と医者になって当たり前という感覚があります。…中略…ですから、私は当時では珍しいくらい、息子にも学習塾に行かせたりし、俗に言う教育ママ以上の教育を息子にはしており、実際、教育にはお金を惜しみませんでした。…中略…私はこのような思いから息子の勉強の件でカッとなり、持っていた乾電池で息子の頭を叩きケガをさせたことがあります。息子は頭の皮を切ってしまい、何針か縫ったのですが、私は息子の頭から吹き出る血を見て怖くなり、体の震えが止まらなくなった記憶があります。この時、私は息子に申し訳ないことをしたと思い、それ以来はきつく叩かないように気を付けていました。私は息子をこのようにして厳しく教育し、医者にさせていますので、孫にも息子と同じようにしてやりたいという気持ちから習いごとをさせたのです。息子自身も、周りが医者ばかりという環境から、当然、孫も医者にしたいと思っており、小さい時から厳しく勉強をさせていました。私は息子が厳しく孫に勉強を教えていることは分かっていましたが、勉強は良いこと、これも孫のためだと思い、息子の教え方に口出しはしたことがありません。…中略…息子が孫に暴力を振るって勉強を教えていることは知っていました。（「僕はパパ」159～161頁）

祖母は供述のなかで、息子の頭から吹き出る血を見て怖くなり、それ以来きつく叩かないように気をつけた、と言っている。ここに親が子どもに教えることの弊害がある。こんなことも分からないのかと、親のほうがあつくなり、おうおうにして子どもに手をのばしてしまうからである。祖母はわが子（少年の父親）の頭から吹き出る血を見て、きつく叩いたら怪我をさせるということを学んだ。しかし所詮、彼女自身も親戚はすべて医者か薬剤師というエリート集団認知システムに同化して生きてきている個体認知システムである。その学びは、「情」を抑制するほどの「知」にまでは育たなかった。だから、自分の息子が孫に暴力を振るって勉強を教えていることを知っていても、止めようとはしなかったのである。

少年の父親自身も両親によって透明ケースに入れられインターネット認知システムに育てられていたと仮定すれば、父親の暴力性は説明がつく。少なくとも彼は医師である。その医師が息子の頭にシャープペンシルの芯がささっても平然としている行動は正常なのか、それとも異常なのか。気に入らなければ、少年の実母に、継母に、そして少年にふるっていた暴力は正常なのか、それとも異常なのか。どちらにしても、父親には子育てに関する「知」があったとは言えないだろう。

親戚はすべて医者か薬剤師というエリート集団認知システムはいつから作られたのか、どれくらいの規模なのか知る必要もないが、少年をとりかこむ透明ケースは幾重にも頑丈だったということである。この集団認知システムの成員のなかに、少年を助け出すような個体認知システムが容易にあらわれるわけがなかった。少年自身も次のように供述している。

僕の悩みを親族や身近な人に相談しようと考えたことはありますが、その人たちは僕が医師になることは当たり前と思っており、そんな人に僕の悩みを相談できるわけでもなく、逆にいろんな人たちが僕の将来を医師になると決めつけることで、僕のプレッシャーにもなっていきました。（「僕はパパ」158〜159頁）

唯一、少年を助け出そうとした個体認知システムは外の集団認知システムからやってきた継母だった。この継母を、少年は透明ケースから逃げ出したい一心で結果的に殺してしまった。罪のない三人の命を奪うことになってしまった。悲劇である。

いったい、誰が、いったい、何が、こんな悲劇をひきおこしたのかと、私は問いたい。日本の教育制度は今のままでよいのかと。

# 第五章　インターネット認知システムと広汎性発達障害

## 本「僕はパパ」の問題点

この本の内容に関して指摘されるべき問題点は二つある。一つは、著者の視点が個人環境のみに置かれていることである。同じような不幸な事件が二度と起きないようにという目的で執筆したのであれば、個人環境だけではなく、個人環境に多大な影響を与える社会環境にも視点を向けて、著者は論じたはずである。しかし、著者は社会環境に関してはいっさい眼を向けていない。二つめは、左記のように、少年を生来の「広汎性発達障害」だと決めつけた書き方をしていることである。

〔抜粋一〕

広汎性発達障害。それが、鑑定医が少年に下した診断だった。広汎性発達障害とは、「自閉症」、「アスペルガー障害」、「特定不能の広汎性発達障害」などを含む、生まれつきの資質に基づく発達障害のことである。少年の診断名は特定不能の広汎性発達障害だった。…中略…特定不能の広汎性発達障害は、自閉症やアスペルガー障害のような特定の診断名がつかない広汎性発達障害を指す。（「僕はパパ」223頁）

鑑定医が彼を「特定不能の広汎性発達障害」と診断したことに関して、精神医学の医者ではない私が異議をとなえることはできないかもしれないが、しかし、少年を生来の発達障害者だと断定してしまうと、育ってきた環境は少年の精神（こころ）形成にはいっさい関わっていないということになってしまう。ここに再考しなければならない理由がある。しかも、「広汎性発達障害」という言葉は、自閉症を連想させるような行動に関する諸問題を含む広い範囲の障害を定義するために使用される総称名であり、診断名そのものではない。

青少年による、想像もつかない痛ましい事件がおきたとき、その子を生来の病気や障害にしてしまえば、親や家族の責任、しいては社会の責任は問われることはない。その子を直接に知っている周辺の人々をふくめて日本中の人々を、生来の病気が悲惨な事件を起こさせたのだと無条件に納得させてしまうことにより、事件は個人的な一過性の問題として矮小化され、問題の本質が隠蔽されてしまう。したがって、これからも不幸な事件の発生は多くなることはあっても、少なくなることはない。

子殺しや親殺しは、通常の論理（集団認知システム）で生きている人々にとっては、正常な人間なら絶対しない行為、あってはならないこと、つまり事実として認めたくない出来事である。しかし、事件を起こした子どもが精神に先天的な障害をもっていたとなると、そういう子どもなら親殺しもありえると、人々は納得してしまう。そして、自分とは関係ないところで起きた特別の事件だからと、自分の子育て環境を自省をもって見つめなおすこともなく、人々は事件を忘れていく。そして、同じような悲劇は繰り返される。

## 広汎性発達障害という診断名はない

〔抜粋一〕からも分かるように、著者は「広汎性発達障害」という言葉と「特定不能の広汎性発達障害」という言葉を恣意に使用している。事実、「僕はパパ」のなかで使われている「広汎性発達障害」という言葉はざっと十五以上に比べて、「特定不能の広汎性発達障害」はたった三つである。そこで、「広汎性発達障害」という総称名で個体を論じることと、「特定不能の広汎性発達障害」という診断名で論じることのあいだには、どんな差異が生じるのか、両者の関係を簡単に調べてみた。「広汎性発達障害」が包括する診断名には次の五種類がある。

＊小児自閉症…対人的な相互反応の障害。社会性の障害。言語、非言語によるコミュニケーションの障害。想像力の障害とそれに基づく行動の障害。

＊非定型自閉症…小児自閉症の三つの症状が揃わない、など定型的でない自閉症。

＊レット症候群…女児のみにおこる進行性の神経疾患で、知能や言語・運動能力が遅れていて、常に手をもむような動作をする。

＊アスペルガー症候群…知的障害が必ずしもない自閉症。ときに高機能広汎性発達障害〈高機能自閉症〉と呼ばれる。

＊特定不能の広汎性発達障害…広汎性発達障害の一種。

「特定不能の広汎性発達障害（ＰＤＤ－ＮＯＳ）」が奈良の少年にくだされた診断名である。しかし、広汎性発達障害の一種という説明だけでは、さっぱり分からない。そこで、もう少し詳しく知るために、英語文献を読み、そして翻訳してみた。

「ＰＤＤ－ＮＯＳ」は自閉症あるいはそれと明白に見極められる他の広汎性発達障害のいくつか（すべてではない）の特徴を表出するが、その表出はきわめて不明瞭な状態にある。対人関係における未熟さや普通でない感受性は典型的に見られるが、社会的能力の欠損は一般の自閉症よりも少ない。知能に関しては、どの子にも欠損があるというような共通性は少ない。表出する異質さは比較すれば異質であるという程度であるゆえに、診断のための定義条件が不足する。この不足が「ＰＤＤ－ＮＯＳ」の調査研究を難しくしている。不明瞭なゆえに、診断のための特定のガイドラインがいっさい規定されていないからである。ときに、「ＰＤＤ-ＮＯＳ」は広汎性発達障害（ＰＤＤ）として間違って言及されているが、「ＰＤＤ」という言葉は自閉症が属する状態の種類を表す言葉で診断名そのものではない。

以上のことから重要なことが二つ知れる。「特定不能の広汎性発達障害」の症状はきわめて不明瞭であるゆえに、診断のための特定のガイドラインさえ規定されていないということと、「特定不能の広汎性発達障害」は「広汎性発達障害」の範疇には入るが、「広汎性発達障害」そのものではないということである。「自閉症」も「特定不能の広汎性発達障害」もともに「広汎性発達障害」の一種類として語られても、それぞれの代役をつとめることはできない。すなわち、両者ともに、認知プロセスに関わる障害ではあるが、単に障害の程度が高いのが「自閉症」で、低いのが「特定不能の広汎性発達障害」と決められるほど単純ではないということである。しかも、「広汎性発達障害」のすべてが科学的に解明されているわけではない。したがって、これらの言葉は慎重に扱われるべきなのである。それにもかかわらず、「僕はパパ」の著者は、「広汎性発達障害」と「特定不能の広汎性発達障害」という二つの言葉を、〔抜粋一〕からも明白なように、まるで同義語であるかのように乱暴に使用している。

**少年を特定不能の広汎性発達障害と決定した経緯**

少年は「特定不能の広汎性発達障害」であると鑑定した経緯を見てみる。その経緯を示す箇所を「僕はパパ」から抜粋する。

**〔抜粋二〕**　弁護士から出された鑑定請求書の一部

その行動にも現実味がなく、突飛さが見られる上、さらに、本件犯行もかかる父親への殺意がその端緒となっているにもかかわらず、父親不在の際に敢行され、しかも、放火行為に及ぶ必要性も客観的には乏しいにもかかわらず、これを実行に移している。このような少年の犯行動機と犯行の間には齟齬が見られ、行為自体も短絡的で了解不能な点が存し…中略…少年の本件犯行時の精神状態を明らかにするため、本鑑定を請求する。（「僕はパパ」221〜222頁）

**〔抜粋三〕** 鑑定請求書（前記）に応じた鑑定医の鑑定

広汎性発達障害の根底にある注意の障害の中には、あることに注意が向いている時は、他のことにあまり注意が向かずに、周りへの配慮に欠くということがある。…中略…今回の事件を引き起こすには、上で述べた持続的な抑うつ気分、注意の限局と、少年のもつ強迫性の字義通り性が大きな役割を果たす。事件の理解は、一般的な心理解釈だけでは不十分で、こういった広汎性発達障害の特徴を考慮して行われる必要がある。（「僕はパパ」224頁）

**〔抜粋四〕** 裁判長による「決定要旨」の結論部分

少年は、（中略）高校入学後の最初の定期試験で平均点を大幅に下回る点数しか取れなかったという、少年にとっては誠に危機的な状況に陥ったことから、遂に不快な感情を抑えつけることができなくなり、実父に叱られずに済む方法として、「実父を殺害して家出をする」ことを決意した。そして、それを実行する場面では、広汎性発達障害という少年の生来の特質による影響が強く現れ、放火という殺害手段を選択したり、殺害する相手がいないという現実に合わせて計画を変更できなかったり、継母らの生命の危険に十分注意が及ばなかったり、放火が犯罪であるということに全く注意を向けなかったり、その後場当た

り的に占有離脱物横領などの行為を重ねたりしてしまったものである。(「僕はパパ」222～223頁)

前記の〔抜粋二〕から〔抜粋四〕を整理すると次のようになる。

少年は事件をおこした。しかしその事件には、事件を裁こうとしている人々にとって理解できない部分があった。その不可解な部分とは、〔抜粋二〕に書かれているように、動機と行為(犯行)とのあいだの齟齬である。父親への殺意が動機だったのに、犯行は父親不在の日に行われたという不可解さである。この不可解さを解明するために、弁護士は少年の精神鑑定を請求した。

鑑定医は、少年を「特定不能の広汎性発達障害」であると診断すれば、事件の不可解さは理解可能になると、少年をそう鑑定した。

〔抜粋二〕のなかで、「字義通り性」について言及されている。「字義通り性」とは、冗談や悪ふざけの言葉をそのままの意味に受けとってしまう「広汎性発達障害」の特徴である。たとえば、「今度ウソをついたら殺す」と言われたとする、普通は言葉どおりには受けとらないが、広汎性発達障害者は本当のことと受けとってしまうという。少年に関しては、彼は英語1の点数について嘘をついた。父親から「こんど嘘をついたら殺す」と言われていたから、殺される前に殺さなければと思った。これが少年のこころの経緯だと、鑑定書は述べている。

そして、その鑑定書をもとに、裁判長は「それを実行する場面では、広汎性発達障害という少年の生来の特質による影響が強く現れ」と、少年を生来の広汎性発達障害と決定づけている。

## 少年の行動は診断理由として妥当か

では、次に、少年を「特定不能の広汎性発達障害」と鑑定するにいたらしめた彼の七つの行動と、そう鑑定された理由を、「僕はパパ」から挙げていく。そして、それら理由は妥当かどうか、考えていくことにする。

I…凶器の変遷は不自然である

鑑定された理由…少年は、誰でもが一番有効であると思われるナイフや包丁は、重症を負わすことは出来ても致命傷を与えることは難しいとあっさりと放棄して、そのかわりに、自分の腕をたたいてみて重さや痛さを実感した素振り用竹刀を選択した。実感した重さや痛さにしか注意が向かなかったという不自然さ。

凶器の選択に関して、少年は次のように言っている。

放火をすることで、嫌な思い出が灰になってこの世からなくなってしまうと考えました。嫌いなパパを殺すことができる、パパとの嫌な思い出がなくなる、嫌なこの家がなくなるという、僕が日ごろ嫌だと思っていたことに対するすべての望みが放火することでかなうと考えました。これまで包丁や庭石、竹刀を使ってパパを殺そうと考えましたが、これらの方法は直接僕が手を下して、それもパパの抵抗があったりすると僕が傷つく可能性もあり、しかも血やパパの死体を僕の目で見なければならないということになります…中略…放火をした後は家出をして、僕の考えで行動して僕の人生を一からやり直そうと思っていました（「僕はパパ」48～49頁）。

前述したように、少年が一番望んでいたことは、家（透明ケース）から逃げだして自分の人生を一からやり直すことであった。父親の暴力におびえない生活をすることだった。これを遂行するための第一の関門が父親の抹殺である。父親を抹殺しないかぎり、再び透明ケースに戻されて以前よりもさらに酷い暴力を受ける。これが、透明ケースのなかで育てられた少年の**認知・認識**システムである。したがって、少年の犯行を考えるに重要な要件は次の二つである。〈A〉少年にとって、父親の殺害と家からの逃走は同時に実行されなければならなかった。〈B〉殺害と逃走は、英語1テストの点数が父親に知られる日、つまり保護者会のある六月二十日までに実行されねばならなかった。

少年が父親への殺意を初めて抱いた六月七日から、放火を敢行した六月二十日未明までに二週間近くある。このあいだ、少年は父親の殺害方法についていろいろ想像した。想像すればするほど、失敗したらどうしようかとか、返り討ちにあったらどうしようかとか、血や死体は見たくないとか、不安と恐怖でいっぱいになった。

実際、六月九日の深夜、寝ているところを竹刀で殺そうとするが、父親に目覚められて失敗する。このときの恐怖で、父親に直接手をかけられないことを認識した少年は、結局、父親を殺して透明ケースから逃避する手段として、容易かつ確実で自分が安全な手段として放火に決定したのである。

実際、その六月九日の夜のことを、少年は次のように供述している。

僕はパパを殺すことについて迷うようになりましたが、最終的には、パパから監視されながら暴力を受けるような勉強はもういややという気持ちが強くなり、実行に移すことにしました。布団から起き上がると足が震えていました（「僕はパパ」44頁）。

「パパを殺すことについて迷うようになった」という言葉は、少年に抑制力がなかったわけではないことを示している。推測するに、抑制力の大半は恐怖心であろう。事件をおこしたときの少年は、高校生になっていたとはいえ、まだなりたての六月である。個体差があるとはいえ、身体はまだ完全な大人になりきっているわけではない。「僕はパパ」には少年の身長や体重の記載がないからたしかなことは言えないが、父親と対等にやりあうだけの肉体的な力はなかったと推測するのが妥当である。

父親と肉体的な力を比較した少年が、ナイフや包丁で父親に致命傷をおわせられないかもしれない、逆に自分がその凶器で傷つくかもしれないと考えたとしても、不都合はないだろう。少年がナイフや包丁を選択しなかったからといって、実感できるものにしか注意を向けることができないと決めつけて、生来の障害にしてしまうのはあまりにも早計である。つまり妥当ではない。

Ⅱ…殺害する相手がいないという現実に合わせて計画を変更できなかった
　　鑑定した理由…少年の関心は、「逃げること」だけに集中し、父親の不在や逃げた後の生活のことなどには
　　　　向けられていなかったという不自然さ。

少年に父親殺害を決意させたのは、英語1のテストの点数が父親に知られることによって、父親から暴力を受ける恐怖心である。今日逃げなかったら、明日必ず父親から酷い暴力を受ける恐怖心である。しかも、「こんど嘘をついたら殺す」と父親から言われていたから、今度こそ殺されるかもしれないというすさまじい恐怖心である。

父親不在のため父親殺害という目的は果たせないとしても、この家を消滅させてこの家から今日逃げないかぎり、明日という自己破滅の日はやってきてしまうと考えて、少年が犯行を実行したとしても不思議ではない。少年にとっての明日は自己破滅を意味しているわけだから、自分が生きのびるためには、明日がやってくるまえに、「闘争か逃走か」のどちらかを絶対に決行しなければならなかった。つまり、少年にとって実行中

止つまり計画の変更という選択の余地はなかったのである。結果的には、父親不在のため闘争ではなく逃走を選択したことになるが。

このような少年の恐怖心は「字義通り性」に起因するという見方もあるかもしれないが、事実そのように鑑定書〈抜粋三〉には書かれているが、その見方は身内から日常的な暴力を受けたことのない者の「通常の論理〈先入観〉」である。実際に身内から日常的暴力を受けている、あるいは受けたことのある者なら、「闘争か逃走か」のどちらかを選択しなければならなかった少年の恐怖心は理解の範囲内にあるはずである。

日常的に父親から暴力を受けていた少年が、父親の「こんど嘘をついたら殺す」という父親の言葉を真にうけた。真にうけたのは少年が「特定不能の広汎性発達障害」という生来の発達障害だからであると鑑定する。この鑑定方法が全面的に正しいのであれば、つまり、「通常の論理」に反する行為を行うものはすべて生来の発達障害であると断定できるのであれば、少年にかぎらず人間のこころの部分は成育環境からなにひとつ影響を受けないことになるが、そうではないだろう。

**成績とか学力とか知能とかいうものは勉強すればするほど伸び、つまり成育環境の影響を絶対的に受けると信じきっている大多数の日本人であるが、そして無思考的にわが子を受験戦士に仕立てる多くの日本人であるが、もうそろそろ、こころの部分も成育環境の影響を強く受けるという事実を認識したいものである。**

そして、少年は逃げた後の生活のことを考えなかったから不自然だと言うが、「闘争か逃走か」という切羽詰った境界上にいる人間は子どもに限らず逃走の後の生活のことなど考えないのが真理である。「逃走後の生活を考えない」のは不自然と考える思考方法こそ「通常の論理」内の狭い思考なのである。

少年と父親との関係を愛情あふれる家族関係として、つまり、「家族イコール愛&善」という「通常の論理」で判断するから、少年の行為を不自然と感じるのである。戦いのさなか自己の生きのびをかけて逃走するときに、逃走後の生活のことなど脳裏に浮かぶわけがない。まず生きのびることが先決である。まさに、少年の日々は戦争状態だったと考えるべきなのである。

Ⅲ…継母ら三人の生命の危険に十分注意が及ばなかった
鑑定した理由…少年は、三人に対して憎しみや殺意はなかったのに放火した不自然さ。

少年はたしかに義母ら三人に対して憎しみや殺意はなかった。父親の殺害方法を放火と決めてから、少年は義母と弟と妹が寝る部屋を下見に行っている。三人に逃げ道があるかどうかの確認である。少年は次のように言っている。

ママがその窓から逃げることはできないかと思い、ママが寝る2階の部屋に行き、北側の窓を開けて確かめました。すると窓の外には1メートルくらい下に、倉庫の屋根がありました。僕の場合は窓から簡単に飛び越えて、その屋根に乗り移れることが分かりました。ママの場合もママ一人なら倉庫の屋根に乗り移ることができ、助かると思いました。しかしママの傍に弟や妹がいて、ママが火事に気付いて2人を助けようとしたならば、2階の窓から逃げられない、誰かが火事の犠牲になると思いました。ママは女性で男性よりも力がなく、弟や妹の体重もそこそこあったので、ママの力では弟や妹を助け出すことができず、誰かが焼死すると思いました。（「僕はパパ」52頁）

義母や異母兄弟が焼死するかもしれないと分かっていながら、少年は放火した。憎悪や殺意がない三人の生命の危険に配慮しないで焼死にいたらせたことは不自然であるとして、少年を「特定不能の広汎性発達障害」であると鑑定する。これは妥当なのか？　たしかに、「通常の論理」で考えれば、直接的な憎悪や殺意がないものを死にいたらせてしまうかもしれない放火行為は不自然ではあろう。

しかし、忘れてならないことは、少年の日常は「通常の論理」が通じない戦争状態のさなかに置かれていたということである。直接の憎悪や殺意のない市民たちを巻きこんで殺傷するのが戦争である。

あの家のなかには敵ではない母親と子どもがいるが、自分に銃口を向けてくる敵兵やゲリラも潜んでいるかもしれない。さて、兵士はどういう行動をとるだろうか。迷っていたら自分がやられると、逡巡しながらもその家に火をつけるだろう。

少年は「誰かが焼死すると思った」と言っている。まさに兵士の冷静な判断である。一度は「透明ケース」から助け出してくれようとした義母である。三人が助かってくれることを願ったに違いない。それでも、自分が生きのびるためには、兵士のように、誰かが犠牲になったとしても「透明ケース」である家に火をつけなければならなかったと考えられはしないか。

「Ⅲ」を理由として、少年を生来の「特定不能の広汎性発達障害」と鑑定することが妥当であるならば、戦争を始めたり、クラスター爆弾を発明したり使用したり、戦場で一般市民を巻きこんで殺傷する兵士等々の全員は「特定不能の広汎性発達障害」ということになるが、この考え方は極論だろうか?　極論だと結論づける前に、考えてほしい。戦争に行ったこともない人間に戦争の極限状態を理解できないと同様に、閉じ込められたものでなければ、「透明ケース」のなかの極限状態を理解できるわけがないということを。

Ⅳ…現場検証で平然としている

鑑定した理由…広汎性発達障害の場合は、ここで泣かなければ非情にみえるなどという打算は働かない。むしろ、きちんと言おうとする律儀さが見られる。

この鑑定理由こそ「通常の論理」という先入観念あるいは固定観念以外のなにものでもない。「ここは泣く場面である」とか、「ここは笑う場面である」とか、「ここは怒る場面である」とかを誰が決める？　鑑定医か？　弁護士か？　それとも世間様か？　そうではないだろう。本人以外の誰にも決められはしない。

世間様の期待に反する行動をとったがゆえに死刑になったムルソーを思いおこせば、世間様が期待するような態度を示さなければ発達障害であると決めつけていいのだろうかという疑問ぐらいは湧いてくるはずである。

すなわち、「ここは泣く場面なのに泣かなかったから、少年には打算がない。こういう態度は広汎性発達障害の症状である」という判断が妥当であるならば、「広汎性発達障害者以外の人間は他者の思惑を計算にいれた感情吐露や嘘泣きのような行動をする」という逆も成りたつということである。しかし、誰でも彼でも他者の思惑を計算にいれて感情吐露したり行動したりしているわけではない。事実は、広汎性発達障害でなくても打算がない律儀な性格の人はいくらでもいるということである。しかも、前にも指摘したが、少年の診断名は「特定不能の広汎性発達障害」であって、「広汎性発達障害」ではない。

子どものころ母親から言われたことがある。「この子は何を買ってやっても張りあいがない。顔に表さないから嬉しいのかどうか分からない」と。そして、私が涙をあまり流さないからと、「この子は冷たい」と言われたこともある。私はといえば、母からこのような評価を受けたことに対して不本意だったことを憶えている。私は冷たくない、母のことを思うからこそ、何も買ってほしくないのだと。

何故に私がそう思っていたかというと、当時の家計は働かない父にかわって母の少ない収入でやりくりしていたことを子どもなりに知っていたからである。それでも本当に欲しいものだったら嬉しい顔をしたに違いないが、欲しくもない人形だったからである。言葉に出して「いらない」と言えば、無理して買ってくれる母を傷つけるということをなんとなく知っていた私は、おそらく困惑した表情をしていたに違いない。ものを買ってやったからこの子は嬉しいに違いない、これは「通常の論理」である。女の子だから人形が好き、これも「通常の論理」である。そして、悲しいときは涙が出る、というのも「通常の論理」である。

Ⅴ…逃走後に占有離脱物横領（住居侵入等）などの行為を重ねた
　鑑定した理由…広汎性発達障害の非行ではよく見られる。

　逃走後の少年が他家に侵入して、ものを食べたりテレビを見たりと、いろいろ悪いことをしたという。こういう占有離脱物横領は広汎性発達障害の非行ではよく見られると言う。「よく見られる」と言うからには統計上そうであるということで、絶対にそうであるということではない。つまり、占有離脱物横領という犯罪は広汎性発達障害でなくても行うということである。

　くどいようだが、ここでも広汎性発達障害という総称が使用されていることを指摘しておく。少年の診断名は、それが正しいかどうかは別にして、「特定不能の広汎性発達障害」である。少年の行動や態度を、自閉症等が含まれる広汎性発達障害として論じることは適切ではない。

Ⅵ…字義通り性を示した
　鑑定した理由…少年は言葉をそのまま受けとったとして二つの例があげられている。一つはすでにあげたように、「今度ウソをついたら殺す」という父親の言葉をそのまま受けとったこと。二つめは、警察に捕まって、今までに「警察に世話になった」ことがあるかと聞かれたとき、少年は家に泥棒が入ったことや、両親がケンカして警察を呼んだこと、つまり本当にお世話になったときのことを話した。

字義通り性は冗談や悪ふざけの言葉をそのままの意味に受けとってしまう「広汎性発達障害」の特徴だとしても、ここで思い出してほしいのは、言葉だけでも恐怖はひきおこされるという実験結果〈言語環境が導くインターネット成育環境を参照〉である。少年のような成育環境に置かれている子どもなら彼にかぎらず、または「特定不能の広汎性発達障害」でなくても、「今度ウソをついたら殺す」という父親の言葉に決定的な恐怖を覚えたとしても不思議ではないだろう。

少年の字義通り性を示すもう一つの理由として、「警察にお世話になった」という言葉の受けとり方をあげているが、これにも私は異議をとなえる。少年が警察に捕まったとき、「警察に世話になった」ことがあるかと聞かれたとき、「前科がある」とか「警察に補導されたことがある」という意味に受けとらず、文字通りに理解して律儀に返答したから、少年は「特定不能の広汎性発達障害」という生来の障害であると判断する。これって適切な判断なのだろうか。

精神医学の専門家にとっては正しいのかもしれないが、少なくとも私は正しいとは思わない。言語学に語用論という学問がある。この学問にてらしあわせて、「警察に世話になる」という言葉を少しだけ考えてみよう。

語用論とは、端的に言えば、明確な発話が示す意味よりもさらに効果的に意思伝達がなる言葉の処理方法や発話者の技量を研究する学問である。例えば、あなたが会議中に喫煙者に喫煙をやめてほしいとき、それを伝達できる発話はいくつかある。「タバコを吸うのをやめて（ください）」という表現は直接的であり、かつ意味も明白である。しかし、その喫煙者があなたの上司だった場合はどうだろうか。あなたの立場上、上司の機嫌をそこなうわけにはいかない。そこで、上司の機嫌をそこなわないような発話をあなたは考えなければならない。たとえば、間接的だが同じ意味を暗示する「あれ、この部屋の空気清浄機は壊れだしたのかな」という発話はどうだろうか。あるいは、発話しないまでも、咳を一つして口をハンカチでおさえるだけでも、あなたの意図は上司に伝わるかもしれない。しかし、こういう情報伝達が成りたつためには、聞き手にも発話の暗示的意味を的確に理解する能力がもとめられるのである。

つまり、発話者の意図された意味を引き出すためには聞き手による実用的な推断が求められるのである。しかし、発話者の意図的意味は当然に辞書には載っていない。したがって、このような推断能力は経験のなかから学んでいくしかないのである。

では、「警察に世話になった」という言葉はどうだろうか？　ちなみに、この言葉の第一義的意味は少年が理解したとおりの意味である。「前科がある」とか「警察に捕まったことがある」という意味は慣用されることによって固定した派生的意味である。したがって、この派生的意味を聞き手が理解するためには、聞き手にそれなりの経験があるかどうかにかかってくるのである。前に警察に捕まったことがあるとか、刑事ものや警察もののテレビ番組をよく見るとか、推理小説をよく読むとか、親や友人との会話を情報源とするとかである。このように、経験のなかに知る機会は多々あるが、「透明ケース」のなかで育てられていた少年に、「警察に世話になる」という言葉が暗示する派生的意味を知る機会は、さてあったのだろうか。

少年は一歳ぐらいのときから、育つ目的を医者と定められて父親の成育カリキュラムという「透明ケース」に閉じこめられていた。おそらく友人との交流やら見せてもらえるテレビ番組やらも制限されていたであろうと想像される。事実、少年は次のように述べている。

僕の毎日は学校、塾、家でのパパとの勉強を中心とした生活で、たまの土曜日に、当時入っていた地元のサッカークラブで午後から2~3時間するサッカーが唯一の楽しみでした。…中略…この時の僕は、学校での成績はダントツのトップでしたが、友達とテレビ番組の話をすると、まったくその話についていけませんでした。このころの僕は、バターとチーズ、トースターと電子レンジの区別がついていませんでした。また友達のなかで歌手のSMAPやメンバーのキムタクの話が出ても、そんなことはまったく分かりませんでした。（「僕はパパ」104頁）

小学校4年生になってからは、……僕の生活はさらにハードになりました。少し家から遠い塾に通うようになって、パパとの勉強中に居眠りをすることがありました。その時パパは、僕に本などの物をぶつけたり頭を殴ったりして、そんなに眠たかったらサッカーなんかやめてしまえ、などと言って怒られ殴られました。また僕の学校が休みとなる日曜日に、パパは病院の日直勤務になることがありました。そんな時もパパに病院まで連れて行かれ、病院の個室で厳しく勉強を教えられました。家族と一緒に旅行に行く時も必ず、勉強の道具を持って行かされ、旅行先のホテルや旅館などでパパに勉強をさせられました。（「僕はパパ」108頁）

少年は学校での成績はトップだったが、バターとチーズ、トースターと電子レンジの区別がついていなかったという。これはまさに、「透明ケース」に閉じこめられていた少年には勉強以外のことを認識する機会はなかったということを示している。少年を取りまいていた環境は、彼がバターとチーズを正しく認識しようとしまいと、トースターと電子レンジとを正しく認識しようとしまいと、どうでもよかった。したがって、環境から両者の違いの説明を受けたこともないのだろう。おそらく少年の環境は彼が勉強さえしていれば、学校の成績さえよければそれでよしと満足していたのであろう。すなわち、第二部第三章においてすでに論じているように、認識がなければ言葉は出ようがなく、言葉を知らなければ認識は確実のものになりえないのである。

加えて、少年は高校一年生になっていたとはいえ、なったばかりである。しかも、驚くことに、日曜日にさえ父親とともに病院に行って勉強させられていたというではないか。こんな自由のない世界に住んでいた少年に、「警察に世話になる」という言葉がもつ派生的意味を知る機会があったとは、とうてい私には思えない。少年が「警察に世話になる」という言葉の意味を派生的意味として受けとらないで、文字通りに受けとったことは至極当然のことであって、「字義通り性」の理由とはならないと、私は考える。

さて、言葉というものはたいてい使用される過程において、第一義的な本来の意味とは違う派生的意味をもつようになる。ときには派生的意味のほうが主流になる場合もなくはないが、本来の意味が無くなるわけではない。言語使用者の私たちはまず本来の意味を理解したのちに派生的意味を経験から学んでいくのである。

派生的意味が第一義的意味であるかのようにさかんに流布されていたことがある。それは「駅前留学ノバ」のテレビ・コマーシャルにおいて、「Nature calls me」が「おしっこしたい」と、まるで唯一の意味であるかのように訳されていたことである。「Nature calls me」の第一義的意味は文字通り、「自然が私を呼ぶ」であり、「おしっこをしたい」ではない。しかし、尿意や便意を間接的かつ暗示的に表現する派生的意味として使用されることはある。日本語でも、尿意や便意をもよおしたときに「自然が呼んでいる」という言い方があることからも分かる。

さて、このコマーシャルを真にうけた日本人が米国へ行って、おしっこがしたいとき「Nature calls me」と発話したとする。それを聞いたアメリカ人がその意味を第一義的意味と理解した。さて、そのアメリカ人は字義通り性を示したとして特定不能の広汎性発達障害であると診断されるのだろうか？　もちろん、されるわけがない。

Ⅶ：父母の離婚時に祖母のもとに留まった

鑑定した理由：父と実母が別居にいたる騒動のなか、妹でさえ泣きながら母を追いかけたにもかかわらず、

平然と祖母のもとに留まっていた少年の不自然さ。

父と実母が別居にいたる騒動のなか、少年は実母を追いかけなかったから不自然だと考えることの不自然さを考えてみる。では、その騒動のさなかの模様を「僕はパパ」から見ていこう。公平にそのときの状況を見るために、その騒動に立ち会っていた人のすべての言い分を載せる。（太字は筆者による）

「父親の供述調書より」からの抜粋

確か息子が4歳の……秋ごろに元妻と別れ、私と息子は……私の実家で住むことになり、…中略…私と息子が一緒に住むようになった経緯は、双方の親を交えて別れ話をした際、話がこじれてしまい、元妻の両親が、もう娘は連れて帰ると言って元妻の手を引き家から出て行きました。この時、娘〈少年の実の妹〉はママ、ママと泣きながら床を這って元妻を追いかけていったものの、息子は何も言わず元妻を追いかけようとしなかったのです。この時、元妻は追いかけていった娘を連れて家を出て行き、ついて行かなかった息子を**捨てていくような感じで家を出て行った**のです。（「僕はパパ」76頁）

「実母の供述調書より」からの抜粋

私もこの時、このままこの家にいると殺されると思っていましたので、とりあえず今日のところは実家に帰ろうと思い、元夫の暴力から逃れるために両親と一緒に自宅から逃げようとしたのです。この時、もの凄い形相で元夫は父に殴りかかっていきましたので、私たち親子は暴力から逃れる形で慌てて玄関に向かって逃げたのです。私は自分の身を守ることで必死な状態で、身一つで玄関まで走って逃げたのですが、私を追って娘が、ママ、と泣きながらハイハイをして後を追って来たのです。私は娘の声で我に返り、子どもを連れて出なければと走り寄る娘を抱き上げたのです。そして、部屋の中にいた息子を「○○

（少年の名）！」と必死に呼び寄せたのですが、この時、息子は元夫の母にべったりくっついた状態で、私のほうには来なかったのです。私は一刻も早く部屋から出ないと自分の身が危険な状態だったことから、**この日は泣く泣く息子を連れて出るのを諦め**、部屋を後にしたのです。（「僕はパパ」81～82頁）

「父方祖母の供述調書より」からの抜粋

向こうの両親が、もう娘は連れて帰る等と言って、元嫁の手を引っ張って部屋から出て行こうとしたのです。この時、元嫁たちは慌ただしく家から出て行こうとしましたので、子ども2人は連れて出ようとしなかったのですが、下の女の子がママ、と泣きながら廊下を這って追いかけて行ったのです。元嫁は下の女の子だけを抱きかかえて、部屋から出て行ったのです。これが、元嫁たちを見た最後になります。この時、なぜだか分かりませんが孫（少年）は母親を後追いしていかず、私にべったりくっついていましたので、**孫だけが放っていかれた状態になった**のです。（「僕はパパ」79頁）

三人の言い分がそれぞれ違うのは当然であるが、私が焦点を当てたいのは太字部分である。父親は「捨てていくような感じで家を出て行った」と言い、父親の母親つまり少年の祖母は「孫だけが放っていかれた状態になった」と言っている。実母は「この日は泣く泣く息子を連れて出るのを諦め」たと言っている。実際のところはどうだったのだろうか？

場面は互いの親を交えての別居騒動のさなかである。言ってみれば感情と感情が、憎悪と憎悪とが激突する場面である。こういう修羅場状態のとき、実母は少年を捨てたのか、それともやむなく置いてこなければならなかったのか、これを判断するためにはその修羅場状態の程度を鑑みなければならない。何故なら、実母が二人の子どもを連れて出ることができる環境的そして時間的な余裕がその場面に存在していたかどうかが問題だからである。つまり、父親の暴力のために、実母は何をおいても家から飛び出さなければならなかったのか、それともそんな暴力沙汰は無かったのかという事実判明が判断のカギとなる。

人というものは自分や自分の身内の不利になるようなことは言わないのが通常である。したがって、実母の供述に反して、父親と祖母の供述調書には暴力をにおわせることはいっさい書かれていなくても当然であろう。実母の供述が誇張気味なのか、それとも父親と祖母が嘘を言っているのかという事実のほどは分からないが、ただ、私が幼かったころ、母親が家から裸足でとびだして隣家に逃げこむ場面は何度も目撃していることから、怒り狂った父親の暴力から一刻もはやく逃れるため、母には土間で下駄をつっかける暇さえなかったであろうということは想像できる。くわえて、自分自身、結婚して他家に入り、親族を交えての修羅場のようなものも経験している。つまり、子どもの立場からも母親の立場からも、少年が何故、実母を追いかけなかったのか理解できるような気がするのである。自身のこれら経験から、三つの論点に分けて推測的解釈をさせてもらうことにする。

**①少年は父親と祖母にとって大切な跡取り**

二人が結婚した動機を「僕はパパ」から探っていくと、夫側は妻の実家から開業資金を出してもらえると思っての結婚、妻側は医者である義理の息子に父親が経営している病院（医院？）をついで同居してもらえるだろうと思っての結婚ということが分かる。どちらの言い分が正しいのか、どういう約束をかわしての結婚かは分からないが、どちらにしても、互いが己たちの利得のために両家はつながったということであろう。すなわち、両家ともに、自ら「〇〇家」と誇るような古い体質の家だったということになる。こういう家にとって大切なのは家の跡取りになる男の子であり、女の子よりも男の子のほうが大切にされる。事実、実母は次のように供述している。

離婚の条件として、今後一切お互いに連絡を取らない、息子に会いに来ない、娘も来させないで欲しい、ということを元夫に言われたのです。…中略…息子は元夫の家の跡取りとして生まれた時から大事にしてもらっていましたので、娘を残すのは心配だ、息子ならきっと可愛がってもらえるから大丈夫、と思っていました。（「僕はパパ」83～84頁）

前記の供述は嘘ではないだろうと思う。というのは、私も同じような経験をしているからである。乳児の息子が寝ている枕元を私が歩いたら、「男の子の頭の上を歩くでない」と姑から強い口調で言われてびっくりしたことがある。私は息子の頭の上をまたいだわけではない。布団の頭側の畳の上を歩いただけである。六畳間と台所だけの狭いアパートである。その狭いスペースに布団を敷いて子どもを寝かせていれば、歩けるスペースは限られていた。私の婚家は「〇〇家」というほどのものではなかったにもかかわらずである。

したがって、男の子は家の跡継ぎとして大切だから、父親も祖母も手放したくなかったのではなかろうかという推測がなりたつのである。だから、少年が母親の後追いをしないように、祖母はしっかりと少年を抱いていたかもしれない。これが第一の推測的解釈である。

## ②少年が環境から得ていた当時の認知・認識

少年が父親から早期教育のワンツーマン指導を受け始めたのは実母が家を出た、つまり別居騒動の後である。それまでの指導は実母が父親から命令されて行っていた。しかも少年の出来具合で夫から暴力を受けるので、どうしても少年につらくあたっていたという実母の供述を思いおこせば、実母は自分には冷たく、父親と祖母は自分に優しくしてくれる、これが別居騒動以前の少年の**認知・認識**のはずである。したがって、少年は直接の危害をくわえてくる実母よりもそうでない祖母や父親のほうを慕っていたであろうとは推測できる。したがって、そのときの少年には祖母から離れて実母を追いかける精神的動機がなかった。これが第二の推測的解釈である。

③実母への生命的依存の有無

妹でさえ泣きながらハイハイして実母の後を追ったのだから、年上の少年なら実母を追って当然と考える。この考え方こそが、当事者の環境や状況やらをいっさい考慮にいれないで結論付ける「通常の論理」である。

少年の妹は、別居騒動の折、ハイハイして実母を追ったというから、歩くよりもハイハイしたほうが速く確実であった年齢、つまり一歳前後であったろうと想像できる。それくらいの幼子は、五感の隅々まで網を張って母親の姿を追うのが普通である。何故なら、幼子にとっての母親とは自分の生命を全面的に依存する存在だからである。しかも、女の子である妹は父親と祖母から特別の関心をもたれていなかったので、実母は妹にとって、生命維持のために必要なたった一人の全面的世話人だったであろうと推測される。したがって、たった一人しかいない全面的世話人である実母を追う妹の行動は生き物として当然なＤＮＡ作用だった。これが第三の推測的解釈である。

以上、①②③の推測的解釈をもって、別居騒動の折の少年と妹の行動はそれぞれ至極当然だったと、私は考える。

## インターネット認知システムor特定不能の広汎性発達障害

少年の七つの行動［Ⅰ～Ⅶ］を健常者のそれとみなすと不自然だと鑑定医は述べているが、私は不自然ではないと、その理由をいろいろと論じてきた。論じる過程において、少年をむやみに生来の発達障害者にしてしまうことの早計さが浮きぼりになったはずである。

そして、少年は生来の発達障害者ではないと、私が信じる理由がもう一つある。その理由とは次の少年の言葉の内容にある。

……いつも家族がバラバラというか、僕だけ孤立しているという……。僕は孤立しているし、お父さんも孤立しているし（本文103頁抜粋済）。

「お父さんも孤立している」と少年は言っている。少年のこの言葉を信じれば、少年は家のなかにおける父親の状態をしっかりと観察していたことになる。これは、少年は自閉症でないことの証拠である。自閉症とは他者のこころの状態を想像する能力や他者の行為を観察する能力に欠ける障害だからである。こういう能力が欠けると社会生活や対人関係に支障がでる。

もちろん、少年の診断名は「特定不能の広汎性発達障害」であり自閉症ではない。しかし、「特定不能の広汎性発達障害」は自閉症を含む「広汎性発達障害」の範疇に入れられている障害である。少年がほんとうに「特定不能の広汎性発達障害」であったのであれば、支障とまではいかなくても、事件をおこすまでの学校等における社会生活や対人関係における少年の何らかの未熟さは観察されていたはずである。しかし、そういう話は「僕はパパ」にはいっさい出てきていない。出てきていない、つまり問題にもされていないということは、少年にはそういう症状は見られなかったということであろう。したがって、少年は「特定不能の広汎性発達障害」ではないというのが私の見解である。

少年を凶行にまで及ばせてしまった精神的要因が「特定不能の広汎性発達障害」でなかったとすれば、ではどんな精神的要因が彼を凶行にまで及ばせてしまったのか。彼の成育環境の状態を再度ふりかえってみよう。

①鉄拳制裁付きの勉強指導はまさに虐待そのものである。成育時に継続的な虐待やネグレクトによるストレスを受ければ脳が正常に育たないということは、すでに論じている。

②少年が置かれていた度をこした勉強環境は、勉強以外の環境から遠ざけられていたという意味でインターネット環境に近い。子どもの**認知・認識**は環境を生きのびる過程に入力されるゆえに、こういう環境で育てられた子どもの**認知・認識**が偏るのは当然である。

③ＤＮＡはそれのみでは無力であり、人格やこころの形成はＤＮＡと環境との相互作用の結果であるということも、すでに論じている。

①②③の三要件は、鑑定医その他の関係者によって不自然だとみなされた少年の言動は先天性のものではなく、成育期の過程で形成された後天性のものだと推定する根拠になりえるはずである。したがって、もし彼の言動の異質さ——異質であると断言すること自体に疑問がある——が後天的に形成されたものであるならば、少なくとも、彼は「特定不能の広汎性発達障害」ではないということになる。何故なら、「特定不能の広汎性発達障害」を含めた「広汎性発達障害」は生来の障害だと認定されているからである。

成育環境は子どもの脳の配線を後天的に変化させるということを日本社会が認めなくても、せめて親世代は認識してほしいものである。そして、真に裁かれるべきは教唆煽動の罪を負う入試制度であるとも。親を殺すような悲劇を、そしてわが子に殺されるような悲劇をおこさせないためにも。

# 第六章　結論――入試制度が主導するインターネット成育環境

## 入試制度が導く言語を媒体とした継続的恐怖

言葉だけでも恐怖反応にかかわる脳領域が活性化することが実験で立証されていると、すでに述べたが、この章で私が問題にするのは、入試制度が元凶となって子どもたちに日々投げられる脅迫の言葉である。これら脅迫の言葉は、たとえば……

＊勉強してよい点数をとらなければ良い学校へ行かれない
＊良い学校へ行けなければ、おまえの未来はまっくらだ
＊なんだ！　この点数は
＊おまえはその程度か
＊落ちこぼれたら二度と這いあがれないぞ
＊もっと勉強しろ
＊等等……

こういうヤイバ（刃）のような言葉が、テストがあるたびに、テストや成績表が返されてくるたびに、子どもたちに突き刺さる。いや、毎日のように、ことあるごとに、突き刺されている子どもたちもいるであろう。奈良の少年におよんでは、このヤイバにさらに鉄拳が加わった。

親や教師等の発話者は、これらの言葉はいつもの口癖で冗談にきまっているじゃあないか、これらの言葉を

文字通りに受けとるほうがおかしいと、あるいは「文字通りに受けとるおまえらは広汎性発達障害だ」と言うかもしれないが、そんなに軽々しく考えてはならない。何故なら、人間にとっての言語とは**認知・認識**を統合し、こころを形成していくための道具だからである。

たとえば、どの家庭でも日常的に発せられている「勉強しろ」という言葉がある。勉強が苦手な子どもにふりかかるこの言葉は、子ども自身は意識しなくても、脳の恐怖領域を活性化させているのではないのか。少なくとも、活性化させていないとは全面否定できないはずである。そして、この言葉を継続的に投げかけられる子どもの脳はその配線を少しずつ変えていっているという可能性をも否定できないはずである。したがって、親によって何気なく発話される「勉強しろ」という言葉は、切れやすく攻撃性の高いこころを形成する要因の一つになりえている可能性を、私は見るのである。

環境（親や教師）からの「勉強しろ」という言葉を適当に受け流すことができる子ども（脳）なら、たいした影響は受けないであろう。この言葉を信じ、言葉どおりに真面目に勉強する脳ほど、恐怖領域が活性化されているわけであるから、脳の配線も制御力を弱めるように変えていっているはずである。学年があがるほど勉強の量は増え内容は難しくなるから、勉強しても点数に反映されなくなる。そのときになって、脳は「勉強しろ」という言葉の発話者を憎悪の対象として認識しはじめる。

こうやって、言葉一つとってみても、知らず知らずのうちに、制御力が機能しない切れやすく攻撃性の高いこころを育んでしまっているのである。こうやって育てられてしまった攻撃性の高いこころの持ち主は子どもだけとは限らない。いまや大人でも多い。日本の教育制度が敷くレールに乗れて、ついでに人生のレールにも順調に乗れたときは攻撃性の高さはすぐには表出しない。しかし、人生とは長くて、人との関わりのなかで、いろいろと波風が立つものなのである。波風が立ったときに、制御力が育てられていない攻撃性の高いこころは、その本性をときに表してしまう。このことは、制御力が低い大人が多く出現してきていることからも分かるはずである。

## 入試制度が家庭をインターネット環境にする

子どもが最初に関わる社会は家庭である。そして、成長期の子どもと直接的かつ長期的に関わる第一義的な社会でもある。ゆえに、家庭は良くも悪くも子どもの成育を最も左右する環境（社会）であるということは、あえて論じられるまでもなく、誰にでも認識されていることである。

しかし、家庭のありようは社会のありように左右されているという事実を、多くの人々は認識していない。このことは、子どもが何か事件を起こしたとき、その子どもを育てた家庭のありようは論じられるが、その家庭が属している社会のありようは論じられないことからも知れる。

家庭は社会とは関係ない単独なユニットとして考えられがちであるが、家庭であっても社会が布いている数々の取り決めに従わなければならないという意味において、家庭の認知システムはその家庭が属する社会の集団認知システムに当然左右されているのであり、その家庭に育てられる子どもは、おのずとその集団認知システムに左右されながら育っているのである。社会が布く取り決めのなかでも特に子どもたちの成育環境を左右しているのが教育制度である。

受験戦争という競争社会を生きぬいてきた日本の親はその厳しさを体験している。だから、受験戦争に勝った親にしても、負けた親にしても、わが子を早めに受験戦士にすれば早めに受験戦争から抜けられる、あるいは受験が有利になると盲信する傾向にある。経済に余裕のない家庭もあるから、すべての親がわが子を早期教育へと走らせるわけにはいかないが、もし家庭経済が許したら、ほとんどの親がわが子を早期から受験戦士にしたてるだろう。何故なら入試制度という魔物によって日本の親は常に、「受験の失敗は人生の失敗」という強迫観念におびやかされているからである。

そして看過できない事実としては、長いあいだ入試制度を続けてきた結果、普通のこととして日本社会に根づいてしまっているファッション的存在がある。親本人は認めたくないだろうが、「わが子の何番や何点は親やその家庭を美しく装うステータス」であるという**認知・認識**である。子どもは親の虚勢と見栄を満たすために生まれてきたのではないのに、どうかすると、この虚勢と見栄のために子どもは眼の前にニンジンをぶら下げられ尻をムチで叩かれかねない勢いで育てられることになる。

これら強迫観念と虚勢と見栄は一体となって、親にわが子の教育カリキュラムを作成させ、そして、わが子を透明ケースに閉じこめさせる。奈良の少年の事例ほどではなくても、程度の差はあれ、家庭はこうやってインターネット成育環境になっていく。したがって、もはや家庭と社会とを切りはなして子どもたちの成育環境を論じることはできないのである。

ここで思い出さなければならないのは論証済みの、脳の配線を変えるのは成育時の継続的ストレスだということと、成育時に正常な「触れあい」が与えられないと情動反応が超過敏になるという前提である。そして、人間のこころの部分を正常に育てる時期は成育時に限られているという一つの要件である。だからこそ、家庭をインターネット成育環境に追いこまない教育制度が求められるのである。

## 結論……廃止されるべき入試制度

入試制度があるから……

＊テスト信奉が親や教師を支配する

＊テストの点数で子どもの価値や将来を計る

＊子どもたちでさえ自分自身をテストの点数で計る

＊子どもたちは自信をなくし、自らを失っていく

＊テスト信奉で育った子どもたちはいずれ大人になる

＊テスト信奉は次世代に受け継がれる

これが入試制度を中心にぐるぐると回っている悪慣習、つまり日本の入試制度文化（第三部で論証）である。この文化のなか日本人はぐるぐると回されている。しかし、私たちは回されていることに気づかない。地球上の生物が地球とともに回っていることを自覚しえないように。だから、入試制度という元凶にも気づかない。テストの点数が良ければよいで、子どもは過度の期待を背負い、早い時期から受験戦士として育てられる。逆に悪ければ、見下され見捨てられる。ときに自らも卑下し自分自身を見捨ててしまう。生きるための自信と自己評価力を失った子どもたちのこころは荒れていく。では、良くもなく悪くもなければ幸せなのかといえば違う。日本には、努力・勤勉は美徳・善行という努力信奉主義がはびこっているから、五十点をとったら次は六十点、六十点の次は七十点を、という頑張りを子どもに強制する無意識の意識が日本中を支配している。

（努力信奉主義に関しては『入試制度廃止論』八章参照）

成績が良くても悪くても、成績の如何にかかわらず、日本の絶対多数の子どもたちは多かれ少なかれ日常的なストレスにさらされている。このように、入試制度は日本社会に生まれてくる子どもたち全員を大きくとりかこみ、祖父母世代、両親世代をふくめて、日本人全員に継続的な恐怖とストレスを与えているシステムなのである。

しかも、わが子が他者と触れあわずに勉強さえしていれば、親は喜ぶという現状があるから、成育時の子どもが必須とする「触れあい」から隔離された状態で育つ。これこそが、まさにインターネット成育環境なのである。

どういう家庭のもとに、どういう両親のもとに、どういう教育制度のもとに、どういう社会のもとに、生まれ落とされるという選択肢は子ども自身には無い。そしてどういう環境のもとで、どういうふうに育てられるかということも子ども自身の責任ではない。しかし、その子ども自身が責任をとらされているのが現状である。

たとえば、生まれたときからインターネット成育環境に近い状況で育てられた個体が成長し、何か社会的問題をおこしたとする。その個体が一定の年齢に達していれば法的に罰せられるのは当然であるが、達していなくても、何らかの社会的制裁は育てられた子ども自身が負わねばならない。どちらにしても、悪いのは育てられた子ども自身だとみなされ、親や社会的環境等の育てたものの責任は見逃される。いや、問題をおこした年齢によって責任の追及対象は変わると言ったほうが正確である。インターネット成育環境で育てられた子どもが子ども時代に問題をおこせば、その子ども自身と親の責任になり、大人になって問題をおこせば、その大人つまり子ども自身の責任になる。

しかし、こういう個別的な責任追及だけでは、いつまでたっても根本的解決は導かれない。元凶はインターネット成育環境を生みだしている最初の力の作用点、つまり私たちをとり囲む巨大な枠組みである教育制度という社会環境だからである。この巨大な枠組みの正体が日本の入試制度である。入試という教育制度があるから、教師も親も祖父母も「勉強しろ」と子どもたちを脅迫しつづける。脅迫されつづけた子どもたちの脳は環境に適応するために変化した配線になる。変化した配線脳をもってしまった子どもが成長して親になる。そしてＤＮＡさえをも子どもに受け継がせてしまうから、変化の度合いが大きい配線脳ができあがる。すなわち、このサイクルをもって、変化した配線脳をもつ攻撃的な大人たちが大量生産されていると言っても過言ではないだろう。

だからこそ、子どもたちを囲む教育の世界（子どもたちが社会に出るための準備期間）は、真性の教育論理が機能する世界でなければならないのである。無駄な競争を生む入試制度を廃し、相互扶助の世界でなければならないのである。多様な個体認知システムがその独自性を尊重され、自らも自尊できるような相互扶助の世界である。クロポトキンは著作『相互扶助論』において次のように述べている。

しかし、此の相互扶助原則の最も首要な価値が十分に証明されるのは、殊に道徳界に於てである。相互扶助が吾々の倫理的観念の當本の基礎である事は、十分に明白な事だと思う。（『相互扶助論』クロポトキン／春陽堂／303頁）

凶悪事件が起きたときに知識人やコメンテーターが必ず口にする言葉が「道徳」とか「倫理」である。しかし、これらを競争社会である教室のなかでいくら教えても、子どもたちの耳に届くわけがない。クロポトキンが言っているように、相互扶助あるところに道徳や倫理は育つからである。したがって、競争原理は子どもの成育環境から徹底的に排除されなければならないのである。そのためには入試制度の廃止が必須なのである。

# 第三部

## 入試制度文化

――入試制度が生む集団認知システム（言語・信仰・習慣／慣習）

第一部で述べたように、集団認知システムそのものが文化であるならば、人々の認知システムを構築する教育は一定の文化を形成する。そして文化とは一般的に伝承される言語・伝統・信仰・慣習等の総体のことである。そうであるならば、入試制度のもと、まず入試ありきという画一的教育に支配されている日本社会では、この社会に特有の文化が当然に形成されてきていると考えられる。この観点をもって日本社会を眺めると、今日の社会現象の多くに合点がいくことに気づかされる。つまり原因（入試制度）と結果（社会現象）とのつじつまが合うのである。

したがって、入試制度のもと形成されてきた集団認知システム（文化）を特別に入試制度文化と名づけ、ここ第三部では入試制度に特有な文化を探っていくことにする。

# 第一章　思考力低下の文化

## 気づき（awareness）は他の文化圏で発生する

〈知る〉という本当の意味を考えてみよう。大学教授や世界に著名な科学者が書いた本を何冊ぐらい完読したら「知った」ことになるのか、それとも、それら本を読まなくても、経験したら「知った」ことになるのか？　厳密に言えば、前者だけでは情報の蓄積だけに終わり、「知る」という高みまで至らず、そして後者だけでも、「知った」ことを系統的な合理的認識によって解析できないから「知る」という高みまで至らないということであろう。したがって、「知る」ということの実体は、経験が科学的に検証されて再認識することであり、身近なところでは、教室における実験を用いた教授等がこれに当たる。すなわち、もちろん多くの本を読むことは重要であるが、何百冊読もうと、何千冊読もうと、経験がなければ、それは知識の蓄積だけであり、「知る」ことにはなっていないはずである。

ところで、私は日本の教育制度と米国のそれとを経験はしているものの、私は教育学や日本の教育制度を学問として体系的に学んではいないし、教育学や教育制度の専門書を多く読破しているわけでもない。私の仮説の立て方は、自分の経験から生まれてきた私自身の説が最初にあり、それから、この説を立証する真理や事実やらを文献から探しだすという手法である。拙本の『日本語を教えない国日本』は、まさしくこの手法で書き上げている。そもそもセンター試験の問題文を解析するなんてことは誰からも手がけられていないのだから、参考にする既存文献は存在しない。つまり、「知る」ことになったきっかけである「知る」の素は既存文献や過去データから得たわけではないということである。

今回、この本を書くに当たっても同じである。では、今回の「知る」の素つまり、ここで私が立証したい「入試制度という環境が日本人の認知・認識になんらかの影響を与え、独自の文化（集団認知システム）を形成している」という考えが文献からきていないのであれば、どこからきているのか？

日本と米国、二つの教育制度を実際に経験したことから、身をもって両者を比較することから生まれてきたものである。似通う対象物を比較する意義は小さいが、対照がきわだつ対象物を比較する意義は大きい。両対象物の特徴が浮き彫りにされるからである。しかも、その特徴を、私は身をもって知っている。

すなわち、異文化圏における「気づき（awareness）」からきているのである。何故に異文化圏において気づくのか？　自分が育った文化を異文化の観察眼で外から眺めることができるからである。日本語論文の迷文模様への「気づき」は、米国の大学において論理的論文という異文化を徹底的に学んだからである。そして、入試制度文化という概念への「気づき」は、家庭内暴力、不登校、イジメ、ひきこもり、自殺、無差別殺人と、これほど入試制度の弊害が表出しているにもかかわらず、ほとんどの日本人が入試制度を悪とみなさず空気のように受け入れていることへの違和感からである。

私でも、米国留学をするまでは入試制度に対して一片の不信さえ抱いたことはなかった。世界に入試制度が無い国があるなんてことを知らなかったからである。比較する対象を知らなければ、人々にとって自国の制度は空気と同じで、その空気のなかで呼吸することに違和感を覚えない。つまり、ある文化圏に生まれそして生きている人間はその文化を否定しようなどとはゆめゆめ思わないということである。

もし、米国における私のカルチャー・ショック（culture shock）が、教育制度という外見だけの相違から受けただけなら、私と彼ら（米国の教育制度のもとで育った人々）とは思考システムや認知システムそのものが違うのではないだろうかという気づき［awareness］にまでは至らなかったはずである。

すなわち、この［気づき］が私の仮説を生んだのであるが、もしも言語学を学んでいなかったら、おそらく、この気づきに遭遇しなかったのではなかろうかとも思う。ということで、次に、この気づきに遭遇した私の個人的体験の物語をしていくことにする。

## 教育制度によって違う言葉使用

言語学の必修科目に［English 315/Exposition and Factual Writing］というクラスがあった。簡単に説明すると、社会科学とそれに関連する分野において、効果的に論文を書けるように、各種タイプの論文様式を学ぶクラスである。しかし、このクラスの主要目的は、単に論文様式の教授だけではなく、論文を書く過程で分析的かつ批評的思考［analytical/critical thinking］の訓練にあった。すなわち、文献から著名な教授や科学者の言葉を抜粋することではなくて、社会現象に対する書き手独自の論理的分析と論理的批評が求められたのである。

学期中に課された主要な提出物は三種類の小論文、そのうちの一つは研究調査小論文で、これは口頭発表も課されていた。この研究調査小論文のテーマとして、私は日本の教育制度つまり入試制度を選んだ。入試制度の無い米国の教育制度と比較検証することで、日本の入試制度のありようが浮き彫りになると思ったからである。論文のタイトルは［A Vicious Education-Habit Cycle in Japan］であった。和訳すると、「日本における教育と習性との悪循環」になる。ちなみに、このとき書いた論文の内容に肉付けしたのが、拙本『入試制度廃止論』の八章である。

この小論文を書き始めるにあたって、学生は調査研究の内容を記した提案計画書をあらかじめ提出しなければならなかった。提案計画書そのものにも様式があり、その様式通り書かれているかどうかも評価の対象である。内容として要求されるのが、テーマ、摘要、調査研究の方法、結論、そしてその結論が導き出される過程等の記載である。加えて、その調査研究が実社会において役立つ実際的項目が記載されていなければならない。つまり、提案計画書とは、自分の調査研究を企業や行政へと売りつけるための案内書のようなものでもある。たとえば、そのとき私が書いた提案計画書は日本の文部科学省向けという仮想のもとに、「日本の教育を改善する方策」として制作したとしよう。この提案計画書を読んだ文部科学省は、私の調査研究論文を買うだけの価値があるとみなせば、私の論文を買うし、価値がないとみなせば買わないということである。もちろん、そのときに学生が課された提案計画書は、自分たちの調査研究論文を完成させるためのアドバイスを教師から得るためだけのものであった。

さて、この提案計画書のなかで、私は、大学に進学できる者を秀才という言葉を用いて、「秀才の生徒／bright students」というふうに、最初、［bright］という形容詞で表現して提出した。添削を受けて帰ってきた提案計画書には、その［bright］という単語のうえに赤線が引かれ、その横にクエスチョン・マークが付されていた。秀才を表現する英単語は「bright」では不適切なのかと思った私は、次に「brilliant」という形容詞に書き換えて提出した。また赤線とクエスチョン・マークが付されて戻ってきた。英語では、秀才を何と言うのか、まさか「smart」や「clever」ではないだろう。では何なのだと、悩んだ末、辞書のなかから、まだ使用していない「wise」や「intelligent」を並べ、どうぞ適切な単語を教えてくださいと欄外に書いて、提案計画書を提出した。

戻ってきた提案計画書に書かれていた秀才を表現する適切な単語は、予想もしていないものであった。なんと、プライオリティ［priority］と書かれていたのである。日本語に訳すと、「優先権・優先するもの」という意味である。すなわち、米国における大学進学者は「優先権をもった人」であり、日本人がイメージする「頭のよい人」ではなかったのである。

この言葉から受けた私の衝撃はカルチャーショックというような安易なものではなかった。文化が違うと言葉使用はこうも違うのかと、私の認知・認識を変えてしまうほど大きかったのである。

米国における大学進学者に対するイメージは、特別にすぐれた才能を持っているわけではなく、家庭環境や経済環境、そしてＤＮＡまでも含めて、大学へ入学できる優先権をもつ者、だったのである。高校まで義務教育であり、無試験で入学できるコミュニティー・カレッジがあり、転学条件にあえば、コミュニティー・カレッジから大学への転入学ができるようになっている高等教育機会均等制度がある米国の教育システムだからこその、大学進学者に対するイメージなのであろう。

米国では、高等教育への門戸は、成績に関わらず誰にでも開放されているわけだから、大学進学者だからといって特別に頭がよいと思われるわけではない。大学を卒業できるかどうかは、多くの場合入学さえすればトコロテンのように出られる日本とは違って、大学における努力次第である米国では、大学進学者よりも大学卒業者のほうに高い評価があつまる。したがって、教養があるという意味としては、エデュケイテッド（educated／教育を受けた）という形容詞が一般的に広く使われる。

日本においては、大学進学者と言えば、頭が良いという固定観念がまず先にくる。合格した大学が名門校になればなるほど、この固定観念が人々を縛る拘束力は強い。東大や京大なら中途退学者であっても高い評価を受けることからも知れる。何故か？　高校への門戸も高等教育へのそれも入試制度で閉鎖されているからである。テストの点数という数値が個人に対する絶対的評価基準だからである。「テストの点数がよければ頭がいい」という固定観念が日本中を覆っているからである。

この固定観念を逆から見れば、「テストの点数が悪ければ頭が悪い」という誤った固定観念が人々を縛りつけていることに気づく。百点をとる子が頭のいい子であり、良い高校へ行き、良い大学へ行ける、だから、大学へ行ける子は秀才という偏った考え方へと人々を導くのである。

このことを、ムルソーを死刑に追いやった人々が日常に信じている〈通常の論理〉を用いて説明すると、大学進学者に限っていえば、米国における〈通常の論理〉は、日本における〈通常の論理〉とはまったく違うということに気づかされるのである。とはいえ、米国における〈通常の論理〉が真性であるなどとは無思慮的に言えるわけではない。教育問題に限らず、現時点においては、誰も〈真性の論理〉たるものを知り得ないからである。何故なら、現時点の〈通常の論理〉で生かされている当事者にとっては〈通常の論理〉が絶対だからである。だからこそ、私たちが気づくべきは〈通常の論理〉はいつも真性とは限らないという真理なのである。

以上述べてきたように、言語使用の相違を知るという個人的経験によって、人の**認知・認識**のありかたはその人が生きる環境によってこうも違うのだということを知った。すなわち、この「言葉使用の相違」こそが、まさに文化（集団認知システム）の相違なのだと「気づい」たのである。

## 入試制度文化は寝言文を高尚な難解文に偽装させる

日本語は日本文化の生みの親であるとともに日本文化そのものである。そして、日本の教育が日本語の発達に大きく関わっている以上、当然に日本語教育に対する入試制度の影響は少なくない。学ぶ目的が入試突破だから、文章の書き方を基礎から学ぶなどという時間のかかる授業は設定されず、時間がかからない記憶重視の授業が設定される。したがって、どんなに高学歴でも文章が書けない人間が多く生産されることになる。

この実情を顕著に見ることができるのが完成度の低い日本語論文である。日本語教育の遅れの実態は日本人が書いた論文と呼ばれる文章を読んでみたら知れる。この実態に関しては拙著『日本語を教えない国日本』において徹底的に論証済みなので、ここでは論証部分は省略するが、私にこの作業をさせたきっかけはセンター試験の国語問題文の迷文さへの怒りである。次は『日本語を教えない国日本』の「あとがき」からの抜粋である。

世間に通用している悪文を告発しなければと、なんとなく思い立ったのが、BYU（私の卒業大学）の図書館で、日本人教授が書いた、何を言いたいのかさっぱり分からない日本語で書かれた論文を読んだときです。月日とともに、そんなことはすっかり忘れていたのですが、やはり書かなければと、決心したのが二〇〇三年のセンター試験の国語問題文を読んだときです。

昔、娘がセンター試験の現代国語が解らないとぼやいていたとき、現代文が解らないはずがない、どれ読ませてごらんと読んだとき、私にもちんぷんかんぷんだったことを思い出したのです。そのときは、まさか試験問題がメイズ（maze／迷路）文だなんて思うわけがありません。へえ、こういう文を理解できる脳が、あるいは書ける脳が尋常とは違う天才というものなのだと思い知らされた過去があります。一種の呪縛です。権威が無権威に盲目的服従を強いる権威主義社会の姿です。（227頁）

数学や社会等の正解が明らかである科目の場合、間違った問題が出題されれば世の中大騒ぎになり、すぐさま訂正される。しかし、現代国語の場合は、出題文が言語学的に間違いだらけのメイズ文であっても何故か問題にはならない。実際、私が某新聞社の社会部に電話を入れたとき、そんなことはニュースにならないというそっけない返事だった。長年のあいだメイズ文が出題文だったなどということが公になれば厄介きわまりない。だから放っておけということだろう。

まさしくこの様相が入試制度文化なのである。簡単に言えば、思考することを止めてしまっている文化なのである。一つの正解が決まっている問題の成否を決定するに必要なのは記憶だから、その間違いは考えなくてもすぐさま誰にでも解る。しかし、文章が正当か否かを見極める力は記憶力ではなく思考力が求められるから簡単にはいかない。それに、どこにも答えは載っていない。なんとなく奇妙な文だということは分かっても、それのどこがどのように奇妙なのかを説明できる人間は少ない。

では、何故、日本社会ではメイズ文が正当な難解文として通用してきたのか。日本社会にはメイズ文を試験問題に出題できる強い立場が存在し、そして、お上のすることは正しいと盲目的に信じさせられている弱い立場が存在するからである。入試制度を長年続けてきた結果、日本人全般に浸透している名門大学や高学歴に対するコンプレックスが根強く存在するからである。難関大学の卒業者や教授等が書いた文章に間違いがあるわけがなく、理解できないのは自分が馬鹿だからというコンプレックスである。だから、誰も「この文章はおかしいのでは」などという疑惑さえ抱かない。

だから、学歴社会に認証された知識人と呼ばれるような人間が書けば、どんなメイズ文でも高尚なる難解文として通用させることができるのである。難解と称される文がメイズ（迷路）文であることが発覚されないために、迷路の程度はさらに入り組み、出口からますます遠くなる。これが入試制度文化の一側面である。

## 入試制度文化のもと日本人の思考力は低下してゆく

日本の小学校から高校までおよその公教育においては執筆を教授する独立した授業は設定されていない。その理由はおそらく、およそ執筆は入試科目とは縁がないからであろう。最近になって小論文を入試科目に課す教育機関はまれに無くはないが、それは二次試験的に課される。入試科目ではないから授業を設ける必要がない。授業が無いから、執筆そのものを教えることができる教師が生産されない。教師がいなければ当然に子どもたちに文章を教えることはできないという悪循環であろう。

コア（core／芯）にあって、この悪循環をつくりだしているのが入試制度なのである。入試が外見上の公平さを保つためには、誰の目にも明らかな点数で採点されなければならない。その意味で、小論文はテスト科目には不向きである。唯一の正解が定められない小論文の採点は点数に変換しにくい。しかも採点者の主観が採点を左右するから、受験者全員の小論文を公平に採点するなんてことは不可能である。これが小論文が入試科目に設定されない理由のようなものであろう。

くわえて、入試制度のもとでは入試科目以外の授業は入試科目の授業時間を圧迫するとして、少なくするか無いほうが好ましいというのが、教師、生徒、保護者の意向である。まして、執筆は思考が先に求められるから、文章が完成するためには思考が熟成しなければならず、一つの文章が完成するためには長い時間を要する。入試科目でもないのに修得に長時間を要する執筆科目が授業設置されるわけがない。

こうやって、学生にかぎらず日本人全般の執筆力は衰退してきた。そして衰退してゆく。教師や教授だって同じことである。教師は教えられてこなかったから教える能力がない、だから教えない。子どもたちは教わらないからまともな文章を書けない。そして文章を書けない子どもたちが教師や親になる。日本語環境はこの悪循環で成りたっているから、日本人のほとんどがメイズ文の奇怪さにも気づかない。

ここで言う文章とは手紙やメモの類ではない。自分の意思や思考を明確に他者に伝達するために論理的に文字に変換するという作業である。言語はたんなる話すためや読むためだけの道具ではなく、思考するための道具でもある。思考の道具である母国語を論理的に使用できない民族は必然的に劣化してゆくのが道理というものである。したがって、入試制度文化のもと、おおかたの日本人の思考力は低下してきた。そして入試制度を続けるかぎり、日本人の思考力はますます低下してゆく。

入試制度は子どもたちに機械的記憶ばかりに時間を使わせて、じっくり思考させて文章を書かせる時間を与えない。機械的記憶で得た知識や情報は試験が終われば胡散霧消する運命にあるが、思考力や文章力は能力として身につく。知識や情報は文献からいくらでも得ることはできるが、思考力や文章力は文献には載っていない。さて、どちらに多く時間を割いたらいいか、もう明白であろう。

知識や情報があっても思考力がなければ新知識と新情報を創造することはできないのに、思考力育成は後回しにされ、文献からいかようにもひきだせる知識や情報の機械的記憶作業が優先させられる。しかもそんな知識や情報はすぐ忘れる。日本の子どもたちはどうせ忘れる知識や情報を入試突破のために毎日必死に記憶させられる。これをエネルギーの無駄遣いと言わないで何と言う。

メイズ文に一つの正解をあらかじめ定め、答えは正解か不正解しかない。それ以外の思考は禁止。日本全体が思考停止の状態なのさ。（『日本語を教えない国日本』226頁）

言葉や論理が強い立場で使われるという現象。そして国民の誰もがその現象に疑問さえ抱かず（抱けず）異論をはさまないというなんとも奇怪な一億思考停止の現象。これが入試制度文化の大きな特徴である。この文化のもと生きている日本人はそのことに気づかない。

# 第二章　タテ認知システム文化

## 歴史的タテ（認知システム）社会

日本がタテ社会である原因としては封建制度、士農工商、鎖国、儒教思想等と歴史的要件は諸々あるが、どの制度にも下層に生きる人々は上層の重みを当然として受け入れなければ生きていけないという不条理が存在する。人としての格が生まれながらに違うと教えられれば、そういうものかと信じさせられてしまう。こういう不条理には敏感でないことが謙虚であり美徳として推奨されれば、そういうものかと信じさせられてしまう。これがタテ社会を支える集団認知システムである。この集団認知システムとは下層に生きる個体認知システムの集まりであるから、いつの世でも、どこの世でも、人民に横に手をつないでもらっては困る支配者層にとっては、実にコントロールしやすい社会形態なのである。

こういう社会形態のままで敗戦を迎えて、日本人がそれまで知らなかった基本的人権と平等という概念が外から入ってきた。人はみな生まれながらにして自由であり平等であるということをようやく知った。そして今、日本人は民主主義を享受しているようには見える。しかし、見えているだけであって、ほんとうの民主主義は根づいていない。

その証拠に、いまだに日本人はタテ社会を受け入れている。日本国憲法が施行され、平等と基本的人権の思想が定着したように見える現代においてさえ、私たち日本人は自己の位置を無意識にタテ枠のなかに探し、そして他者との関係をもタテの位置関係で処理しようとする。たとえば、教育行政におけるタテ社会、職場におけるタテ社会、学校におけるタテ社会、地域におけるタテ社会、等等である。
もちろん、どこの国でも、部長と平社員、教師と生徒というような、組織における役職等のタテ関係は存在するが、これは至極当然のことであってタテ社会とは呼ばない。ヨコ社会ではいったん仕事から離れれば、いったん教室から出れば、個人と個人の関係はヨコにもどる。それはもともと個人と個人との関係はヨコだという認識が定着しているからである。

私が経験したヨコ社会は米国における教師と生徒の関係である。教師と生徒との間柄でも、その関係は上下のタテではなく、同等のヨコであった。教師は生徒から名前（ファースト・ネーム）で呼ばれることに抵抗はなく、生徒は質問に教師を尋ねれば、必ず椅子に座ることをすすめられた。生徒は教師に対してへりくだらねばならないとか、かしこまらねばならないとか、教師だから生徒よりも人間的階級は上だというような社会強制的な観念は両者ともになかった。ただし、こういうヨコの関係が成りたつためには、互いに尊重しあうという人間としての礼儀が双方に求められるわけだが、少なくとも私が関わった人々にはそれがあり、教師と生徒との信頼関係があった。しかし日本における教師と生徒とのおおかたの関係は、一方的な尊敬心を生徒だけに強制するタテ関係である。

日本社会における無意味なタテ関係を呼称で探せば、政治家、医者、弁護士等がある。彼らは何も教えていなくても先生と呼ばれる。呼ばれる当人にも、呼ぶ側にも違和感はない。そもそも「先生」とは先に生まれたと書くように、有徳の年長者に対する尊称である。日本の政治家、医者、弁護士の皆が皆特別に有徳の年長者というわけではなかろう。なかにはまったく逆な者もいる。個人の本質とは関係なしに、その職業で尊称される日本社会。まさしく日本がタテ社会である証である。

タテ社会の日本では、厚生労働省の役人が何をしようと、農林水産省の役人が何をしようと、彼らの罪のほとんどは罰せられない。実際のはなし、国民の生命と財産を護らなければならない彼らが薬害エイズ・薬害肝炎で国民の命を見捨て、年金問題で国民の財産を略奪し、農林水産省は汚染米が食用として流通するのを放置していた。仮にこのような事件を民間がおこしたらどうだろうか。確実に刑事罰である。信じられないことであるが、この信じられない社会形態が日本社会なのである。まさしく、日本社会には「タテの関係は道徳で、ヨコの関係は罪悪」という信仰が蔓延しているのであろう。左記の羽仁五郎の言葉は正しいとつくづく思う。

言葉や論理が強い側の立場で使われてきて、弱い側の立場で使われることがずっと禁じられているからだ。タテ社会などという教授がいるが「よこしま」という言葉があるように、ヨコの関連は罪悪、犯罪なのだ。タテの関係は道徳、あるいは政治なのだ。（『自伝的戦後史』羽仁五郎／講談社／27頁）

## 入試制度がタテ認知システムを培養してきた

大学進学者を秀才とイメージする日本では、根強い学歴信仰があり、良い大学を卒業した人や、頭の良さを象徴する職業である医者、弁護士、大学教授等、つまり俗に言う先生と呼ばれる人々を自動的に「立派」とか「偉い」とかいう形容詞で呼ぶ。くわえて、どういうわけか会社の社長とか部長とか、名刺に「長」という肩書きさえつけば、その人の人格や本質とは関係なしに、やはり「偉い人」と呼ぶ。そして呼ばれた人は自身の本質を省みることなく、社会に何ら貢献していなくても、ふんぞり返ることになる。たとえば、「あの人は医者だから偉い」、「あの人は部長だから偉い」というようにである

今や人々が生きる情報環境は大きく変わった。学問領域の範囲は広くなり、その量は増大し、マクロやミクロの領域にまでと発展し複雑になった。人間の知力の様相や構造は複雑であるということが分かってきた。情報量は過度的に増大し、そして一瞬にして世界をめぐる。このように人間をとりかこむ社会環境は大きく変化

し、人々の生き方や価値観も変化してきている。それなのに、依然として変わらないのが日本人のタテ認知システムである。

何故だろうか？　その主たる原因として、私は入試制度をあげる。

日本の試験制度は近代学校制度を確定した明治五年公布の「学制」とともに始まった。「学制」は身分や性別による就学上の差別を撤廃するという教育の理念を提示し、小学校における国民すべての平等な就学の実現を導いたという面において、当時としては画期的な法令だったといえる。かたや尋常小学校を卒業したてで他家に奉公にやらされた貧乏な家の子弟がいた、かたや高等教育まで受けた資産家の子弟がいた、こういう大きな貧富の差があった階級社会の戦前までは、たしかに能力を公平に測るという意味において、試験制度には社会を平等に機能させるポジティブな一面があったことは否定できない。貧乏の家の子どもでも、試験で高得点をとれば、村や町の発展のためと、村長や町長、地主あるいは郷の実力者が、その子や村の発展のために、援助の手を差しのべたという事実もあったからである。

こうやって、数値による評価は公平であるという社会権を得て試験制度つまり入試制度は人々のあいだで公認されてきた。だから、かつて入試制度が悪制度として叩かれたことはない。点数で出来、不出来を決める、あるいは合否を決める入試制度は公平な制度であるという通常の論理が人々のあいだに根深く浸透しているからである。テスト点数という数値ほど正確で公平に機能するものはないという日本社会に独特の通常の論理である。

しかし、いまや入試制度は、昔のようなポジティブな側面はなくなり、多様な潜在能力を点数で一律に排除する制度になったのみではなく、日本社会に巨大教育（受験）産業――子どもたちを救うという大義をかざしながら、入試制度を無形固定資本として、子どもやその親たちの生き血を吸うパラサイト獣――を産み落としてしまった。このことは、すでに四十年も前に羽仁五郎が述べている。

こうしてみると、国公立大学共通一次試験は、高校入試について業者が行ってきたテストを、大学入試について文部省自身が税金を支出して全国に一〇〇％実施させ、共通第一次試験に対する業者判定など、業者の国公立大学入試を対象とする支配を拡大させたものであり、すなわち、**文部省が税金をつかい、受験産業の拡大すなわち独占資本の受験支配をたすけている**ことがわかる。すなわち、〝共通一次試験は、一、大学間格差をなくし、二、受験地獄を緩和し、三、才能や資質に応じた進路決定に役立たせる、という本来の目的〟のために、国費血税を支出したのだが、その結果は、これら〝本来の目的を達成することはできず、かえって事態を悪化させ〟た。（『教育の論理』羽仁五郎／ダイヤモンド社／226頁）

そして、共通一次試験が非難されると、一九九〇年から共通一次試験にかわって、独立行政法人大学入試センターが設立され、センター試験が行われだしたが、これはただ改称されただけのことであり、前記の太字で記した問題は何ひとつ解決されていない。というよりも、改称と独立行政法人大学入試センターの設立は国民を騙す目潰しであって、彼らにはもともと支配力をゆるめる気などさらさらなかったのである。その証拠に、いまだに、日本の子どもと親は文部科学省と教育・受験産業との秘密結社的協同体に生き血を吸われている。

学問や情報環境がマクロやミクロの領域にまで発展し複雑になってきた現在においても、テストの数値は人の能力をはかるのに万能なのだろうか。そうではないだろう。人の能力は数値などで計れるほど単純でも安直でもない。複雑で多様な人の能力が一回の試験で計れるわけがない。

ところが、子どもたちはテストの点数で位置づけられる。ひとりひとりの個性が尊重されなければならないクラスのなかにまで成績の良いものと悪いものという「タテ割り」の認知システムが入りこむ。〇〇ちゃんは百点だから頭がよくて良い子で、〇〇ちゃんは五十点だからその程度……。こういうレッテルのなかで子どもたちは育っていく。そして大人になり、次の世代へと伝えていく。この伝えられていく集団認知システムがタテ認知システムなのである。

入試制度がない米国がヨコ社会である実例として、ここに興味あるアンケート結果があった。それは米国人が尊敬する職業のトップは消防士であり、軽蔑する職業のトップは弁護士か医者のどちらかであった。弁護士と医者のどちらがワースト・ワンだったか忘れたが、いずれにしても両者は最悪の一位と二位を争っていたのである。米国には悪徳の弁護士や医者が特に多いというわけでもないだろうが、おそらく、人を助けたり命を助けるのに、金とは関係なく働く消防士は尊敬するが、金で行動するほうは軽蔑するということなのだろう。

日本ではどうだろうか。成績の良い子どもは賞賛され、親や教師はこぞって医者や弁護士になることをすめる。日本では医者や弁護士は尊敬されるべき社会的地位つまり身分だからである。米国でも医者や弁護士はできることとならなりたい職業であることにはかわりはないだろうが、人々から特別視はされていない。

何故だろうか？　日本では医者や弁護士は職業というよりも身分という認識で、米国ではたんなる職業だという認識だからなのかもしれないと、私は考える。職種は社会的地位の上下序列をきめる条件ではない、つまり、人間のあいだには上下序列などもともと存在しないという認識のもとで教育されるから、米国はタテ社会には成りえない。いずれにしても、アンケートの結果は米国と日本では逆の認識が存在していることを示しているのである。

入試制度という負の社会的環境は、人生初期の限られた時期に限られた受験機会しか与えず、複雑かつ深遠である人の能力を試験の数値をもって計る。そしてときには、人間の価値さえもその数値で評価する。だから、数値でタテに区切られたある部分に入れられた各人の選択肢はその部分内に限られてしまう。ゼロ点から百点までタテに記された目盛り枠を堅固に維持する仕掛け、つまりタテ社会を支える基礎骨が、明治初期から始まった試験（入試）制度である。

これだけ長いあいだ日本社会に浸透し、人々から支持され続けていれば、入試制度はもう立派（?）な日本の文化である。文化という言葉から受けるイメージは「吉」であり、「福」であり、「慶」である。だから、文化のすべてが善・良であるという通常の論理に私たちはまどわされるが、入試制度文化のように、そこに住む人間を不幸にする文化もあるのだということを認知・認識しなければならない。

## 多数の劣等コンプレックスが支えてきた安全社会

入試制度が日本人にかける圧力は、単に上級学校へ進むとき入学試験を課すことだけではない。人間を小さいときからテストの点数で評価し続けるという圧力もある。テストの点数が低ければ頭が悪いというレッテルを社会から貼られる。自分でもそう思い込んでしまうから上級学校へと進学できない人々のあいだには、学歴に対する根拠のない卑下が生じる。

反対に、小さい頃からテストの点数が良く運良く名門学校に入学できた人間には、他者よりもすぐれているという根拠のない手前味噌が生じる。この手前味噌もコンプレックスである。両極ともに、俗に言われる学歴コンプレックスである。コンプレックスという言葉は、日本では一般的に劣等感という意味としてだけ流布しているが、コンプレックスには、大きく分けて、劣等感（劣等コンプレックス）と優越感（優越コンプレックス）と二通りあるのである。

コンプレックス（complex）の本来の意味は複合の（複合体）、合成の（合成物）という意味であるから、建物をあらわすときは団地やコンビナートという意味になり、精神分析の分野では、あるもの／こと／人に対する複合的な感情という意味になる。一般的に知られているのが劣等感であるが、優越感もコンプレックスである。

優越コンプレックスとは、自分を中心におき、自分より上位か下位か、あるいは自分より「できる」か「できない」か、で他者を識別する歪んだ複合的な感情である。自分より上と思えば羨望し嫉妬する。自分より下だと思えば軽蔑し差別する。

他には、エレクトラ・コンプレックス（娘が父親に対して無意識にいだく性的な思慕）やエディプス・コンプレックス（息子が母親に対して無意識にいだく性的な思慕）などが知られている。加えて、口語表現ではあるが、「She has a complex about cats／彼女は猫を異常に嫌悪する」のように、特定のことに対する強い固定観念や過度の嫌悪感として使用される場合もある。

すなわち、日本社会は高学歴を取得できた少数の優越感と取得できない多数の劣等感という二通りのコンプレックスでなりたつ複合体なのである。このような社会では上（優越層）と下（劣等層）との衝突は生じにくい。下は自らを卑下しているから、上を尊敬こそしても不満は生じない。つまり下からの社会革命は起こりにくいということである。何故なら、学歴や権力を持たない弱い者は無意識にしろ、学歴や権威・権力を持つ強い者を根拠もなく優秀だと信じそして従い、タテの社会構造を下から支えてきたからである。

羽仁五郎が言うように、タテ社会では言葉や論理が強い立場で使われるから、誤った言葉や論理でも、弱い（下の）者は無条件にそして無思考的に信じてしまう。これの実例がセンター試験の国語の出題文であることはすでに述べたが、メイズ文を高尚な難解文として、微塵の疑いを抱くことなく受け入れる従順性、これこそが日本人の劣等コンプレックスを象徴しているのである。すなわち、日本社会の安全性は、高学歴者や学識文化人と呼ばれる者、そして経済的成功者に対する劣等コンプレックス群の従順性によって保たれてきたのである。

## 従順的タテ認知システムの崩壊

ところが、現在の日本は安全社会とは言いがたい状況である。何がどう変わったのだろうか？　劣等コンプレックスの従順性が失われた、あるいはタテ認知システムの質が変容したと、私は考える。

戦前から戦後への変遷は人民を拘束するかたちから解放するというかたちへという法システムの劇的な転換があった。だから、このときの日本人の認知システムの変化のありかたははっきりしている。しかし、戦後から現在まで続いている学歴階層社会には、日本人の認知システムを劇的に変えるほどの制度的あるいは歴史的転換はなかった。

しかし、よく考えれば、同じ学歴階層社会にあっても、制度の変化ではないが、それなりに注目するべき変化はあった。それは高度経済成長を経て、皆が中流意識をもつようになり、誰でも高校や大学へ行くという時代が到来したことである。それはそれで良いことであった。悪かったのは入試制度を残し、教育環境を学歴競争社会にして、子どもたちを受験戦士として育てたことである。

競争社会における人々の不安は競争に負けることである。特に子ども時代に負けてしまえば一生立ち上がれないと信じる親の不安は大きい。この不安をたくみに利用して利潤を得る巨大教育産業が日本社会に出現したことは、すでに述べたが、国民全員を確実に顧客にするためには無形固定資本（入試制度）の他に、説得スキーム（scheme／体系）を必要とした。このスキームが（学力）偏差値である。「あなたのお子さんの偏差値を○○までおしあげます」という宣伝文句にのって、市井の臣は「その○○」を買う。表向きには需要供給の法則がなりたっているようには見えても、誰でも彼でも望みどおりの○○が手に入るわけではない。まあ、極論を言えば、一種の詐欺商法のようなものである。ちなみに、偏差値という数値名はすでに使われていないという反論もあろうかと思うが、入試制度が日本に存在するかぎり偏差値という実体は存在するのである。

成育期という重要な時期（第二部「インターネット成育環境」参照）に受験戦士として育てられ、入試突破がすべて、あるいは学歴がすべてという単一的な認知システムへと育てられた子どもたちのその行く末は悲惨である。運良く望みどおりの学歴を得た少数者はいいが、そうでない多くの者は大学という名の学校は卒業したもののという無価値な優越感しか持てないことになる。つまり、大学は出たもののときとして襲ってくる強い劣等感はいかにもしがたいという外面的優越層の出現である。この外面的優越層、優越と劣等のどちらの範疇にふくまれるかといえば、もちろん劣等コンプレックスにふくまれる。さらに悪いのは、そういう単一的認知システムへと育てられた子どもたちが大学進学にまでこぎつけられなかったときの挫折感と劣等感である。まさに精神的外傷に近いものがあろう。

親や教師そして進学塾や予備校の教師が唱えるように言う「勉強したら良い高校や大学へ行ける、そうしたら良い会社に入れて一生幸せに暮らせる」という集団認知システムを信じ、それに従って小さい頃から机にしがみついて勉強してきた。しかし、その子が長じて得たものは外面的優越感という屈折した劣等感だけである。そこに集団認知システムへの不信と否定が生じる。入試制度を核とする集団認知システムへの不信と否定は、それを信じていたものにとっては、とりもなおさず自身の認知システムの不信であり否定である。だから転向の苦痛が生じる。あるいは騙されていたと認識すれば集団認知システムへの恨みが生じる。

最初から、集団認知システムを自身の認知システムとして生きてこなかった個体には異邦人としての孤独感や疎外感はあっても、転向の苦痛はあまり生じない。しかし、人生の途中で、自ら信じていた集団認知システムを否定しなければならない体験をする個体は転向の苦痛を経験することになる。集団認知システムは文化つまり社会そのものであるゆえに、ここに社会への遺恨が生じる理由がある。もちろん、集団認知システムと一生仲良くつきあう個体もいるし、仲良くいかないまでも折り合っていく個体もいるということは言うまでのない。これらが多数派である。

すなわち、タテ認知システムという集団認知システムに従い努力したにもかかわらずタテ社会の高い位置に、あるいは枠のなかにさえ、自身の位置を得ることができなかった個体が従順性を失うことは当然の帰結なのである。

# 第三章　カタルシス文化

## カタルシス

私は一六八ページにおいて、「日本社会の安全性は……従順性によって保たれてきた」と過去形で書いた。現在形で書けないことは、日本社会の現状を見れば誰の目にも明らかであろう。実際、無差別殺人のような不可解な事件は後をたたない。この不可解さとは、相応の動機（理由）もないのに殺したり、殺されたりしていることである。刑事事件の際、犯行の動機（理由）は必ず問われる要素ではあるが、ゆきずりの凶行には明白な直接の動機はなく、まして加害者と被害者間の接点はいっさい無い。このような事件の場合、理由を何処に探るべきなのだろうか？

この理由を、私は「カタルシス」に探る。精神分析の用語に「カタルシス（catharsis／浄化・排泄）」という言葉がある。意味は広辞苑に「抑圧されて無意識の中にとどまっていた精神的外傷によるしこりを、言語・行為または情動として外部に表出することによって消散させようとする心理療法の技術。浄化法」とある。すなわち、表出する言語・行為または情動が内に向けば、摂食障害や自傷行為等になるだろうし、外に向けば、小動物殺傷やイジメとなるだろう。そして、この外に向けたカタルシスのエネルギーが最大になったとき、ゆきずり凶行にまで及ぶであろうということは予想できることである。

外に向けたカタルシスとは簡単に言えば、「八つ当り」行為である。いらいらしたとき、関係のない人にまであたり散らす行為である。あたり散らしたことで、なんとなく気分がすっきりした体験は誰にでもあるだろう。もちろん、「八つ当り」が暴力まで発展するかどうかは個人的資質が大きくからんでいることは言うまでもない。

したがって、一見理由が見あたらない不可解な犯行を、あってはならないことではあるが、他者を殺したり不幸にしたりすることによって、抑圧されて無意識のなかにとどまった自身の精神的外傷を浄化するための行為と、私は推察するのである。こういうカタルシス的な事件は、このところ未成年層から年齢層をあげて起きてきている。

## 偏差値教育とカタルシス

日本の子どもたちが最初に見せたカタルシス現象が学内暴力だと、私は考える。学内暴力が表出しだしたのが一九八二年頃である。その少し前の一九七九年に共通一次試験が始まっているから、子どもたちを偏差値で評価する教育環境はすでに出来上がっていたことになる。おそらく、一九八二年当時すでに小学生でも進学塾等では模擬試験による偏差値教育がほどこされていたはずである。

ちょうどその頃、私自身、小学生（おそらく高学年）のカタルシス行為の対象にされた体験をしたことがある。それは地方のある大都市に住んでいたときのことである。バス停でバスを待っていた。私が待っていたバスが止まって、ランドセルを背負った小学男子生徒が降りてきた。その子は突然見も知らぬ私に向かって大声で「ばーか！」という言葉を吐き捨てたのである。そのときは、私しかそのバスを待っていなかったので、その子はたしかに私に向かって「馬鹿」と言ったのである。彼が何に対してイライラしていたかは知らぬが、見知らぬ私を罵倒して、彼の気分はだいぶスカッとしたであろう。

日本の子どもたちのカタルシス現象は学内暴力からはじまり、イジメ行為へと拡大し、そして不登校（登校拒否）やひきこもりへと更にその裾野を拡大してきた。この流れをカタルシスの対象に焦点をあてると、学内暴力は物の破壊であり、イジメ行為は人の破壊であり、不登校やひきこもりは学校教育そのものの破壊であることが判る。もちろん、不登校やひきこもりは直接にはそれらを行う子ども自身の破壊である。しかし、このカタルシス行為を結果的に見れば、日本の学校教育が子どもたちから拒否され見限られはじめている証だと考えられるのである。この見かたをすれば、学内暴力も、イジメ行為も、不登校やひきこもりも、これからどういう形で表出するか予想もできないが、これらカタルシス行為は学校教育への子どもたちの不信と拒否の体現であるとみなすことができる。

すなわち、学校器物への単発的攻撃という如何にも外に現れたかたちで始まった学校教育への不信は、イジメつまり陰湿的かつ継続的攻撃というかたちに変化して内へ内へと隠れていったと考えられる。器物は言葉は言えないが、破壊された箇所がものを言う。だから、学内暴力というカタルシス行為はおのずと抑制された。ところが、イジメの対象（人）は言葉は言えるが、ものを言えば言うほど受ける陰湿的攻撃は強くなる。しかも破壊される箇所はおもにこころだから、器物のような証言力をもたない。だから、イジメというカタルシス行為は陰に隠れてエスカレートしていった。そしてついにイジメが原因の自殺者が出るようになったところで、イジメが社会問題として表出したのである。

不登校やひきこもりは、学内暴力やイジメという積極的カタルシス行為とは逆に何もしないという消極的カタルシス行為である。消極的であるぶん破壊攻撃に必要なエネルギーはいらないから、そのぶん容易に行われやすく、誰でも不登校やひきこもりに陥りやすい。これだけカタルシス現象の裾野が広がってきたということは、日本の学校教育はすでに崩壊していると見るべきだろう。

## カタルシス性劣等コンプレックス

「日本の安全社会は多数派である従順な劣等コンプレックス群によって支えられてきた」と、以前述べた。

そして、これはすでに過去のことになったということも述べた。何故なら、日本社会に生きる劣等コンプレックス群が精神的外傷を受けだし、その結果、精神的外傷を浄化せずには生きられなくなった人々が多くなった。すなわち、劣等コンプレックスの質がカタルシス性劣等コンプレックスへと変容したと考えるべきなのである。

劣等コンプレックスは戦前の階級制度社会においても無くはなかった。しかし、この劣等コンプレックスは生まれ環境によるものであり本人の責任ではない。能力や努力では身分は変えられない。だから、自分自身を責める、あるいは責められるというネガティブな闇部分つまり精神的外傷がこの劣等コンプレックスに占める部分は小さかった。しかも、人々の視線が届く範囲は現在社会のように広くなかった。その狭い視界のなかに他者の境遇に自己のそれと大きな相違をみなければ、他者をうらやむこともなければ、自己を卑下することもない。そして地域をおさめる長に逆らわず、多くを望まないかぎり、地域のなかでそれなりに安泰に生きていけた。すなわち、過去の劣等コンプレックスにとって、従順は安泰に生きるための重要な要件だったのである。

ところが、戦後の学歴階層社会における劣等コンプレックスは、成績が悪いとか勉強しないとか、自己の能力と努力が自己責任として評価されるため、精神的外傷を伴うようになった。同じ劣等コンプレックスでも、生まれに対するそれと学歴に対するそれとでは、個人が自分自身を責める度合いには大きな差が生じる。生まれに対しては自分自身には責任はないが、学歴に対しては自分自身に責任があると人は思いがちだからである。

それでも、偏差値教育が導入されるまでは、つまり偏差値という数値で子ども（大人も）が評価されるまでは、子どもの成績がふるわなくても、子どもも親も教師も精神的な余裕があった。人々にとって成績はたんなる教科の成績であり、個人の価値や未来や職業や収入や幸福度などを評価するものではなかったからである。

教室において成績にかかわらない多様性をもって各自が尊重しあえば、成績が良い子どもは尊敬こそされ、ひがまれることはない。逆に、成績がふるわないことを理由に軽蔑されたり、疎まれたりもしない。

ところが偏差値の数値は子どもの未来を決定するかのような錯覚を人々に与えがちだから、子どもも親も偏差値の数値に捕らわれる。偏差値があがらない自己嫌悪はもとより、小さい頃からお金をかけて塾に通わせているのに、おまえは何故よい高校に入れない、何故よい大学に入れないと、親や祖父母等周囲からも責められる。

多くの子どもたちが、小学・中学生まではなんとか「できる子」の体裁を保つことはできても、高校生になると、勉学の内容が難しくなるから、簡単には「できる子」でいられなくなる。すなわち、優越コンプレックスから劣等コンプレックスへと落ちる悲哀を経験するのである。自分より「できない」他者を軽蔑し差別してきたのに、こんどは自分自身が軽蔑される側に立つ屈辱である。自分より「できる」他者を羨望し嫉妬するのが優越コンプレックスである。優越コンプレックスが自分より「できない」と思っていた他者の位置まで落ちるということは羨望し嫉妬する対象の数が増えるということである。屈折度の大きい精神的外傷がここに発生する。しかも、偏差値は他者との比較つまり相対的数値だから、自分の偏差値があがらないのは他者の偏差値が下がらないからだとして、他者を敵視するという潜在意識が生まれる。

こうやって、学歴階層社会における劣等コンプレックスは精神的外傷を負いだしてきたのである。子どもを囲む教育環境が競争社会に突入しだし、精神的外傷層が発生しだした時期は、塾や予備校という教育産業が私たちの生活圏に入りこみ偏差値という数値を利用して、「お子様の偏差値を一〇上げる、二〇上げる」などという宣伝文句を流布しだした時期と一致するのではないだろうか。「塾に行けば偏差値があがる」などという「通常の論理」が信じられるようになった時期と重なるはずである。したがって、日本人の劣等コンプレックスが精神的外傷をともない、カタルシス性劣等コンプレックスへと変容しだしたのは、特に学歴階層社会の後半、偏差値教育が導入されてからだと考えられる。

## カタルシス三世代……安全社会の崩壊

共通一次試験が始まった一九七九年頃に生まれた子どもも、私を「ばーか！」と罵倒した小学生もともに、すでに親になっているだろう。彼らのような最初に偏差値教育を受けた子どもたちをカタルシス一世とするならば、この一世はいまやカタルシス二世の親である。そして、最初に偏差値教育に踊らされ、一世を育てあげた親は二世の祖父母世代である。したがって、祖父母世代は結果的に一世とともに二世を今まさに育てていることになる。

親からだけならいざしらず、祖父母にまで偏差値教育を強制されたら、子どもとしては如何にもしんどいであろう。祖父母をもまきこんだ少年事件がときとして起きているが、こんなところに原因があると思われる。

偏差値という数値が日本の教育を支配しはじめたころから、子どもたちは荒れはじめたと述べたが、それと並行して日本の安全社会も崩壊しはじめたと見るべきだろう。祖父母世代が育て始めたカタルシス一世が親世代になり、現在着々とカタルシス二世を育てているという現状だからである。カタルシス二世が大人になり、親になれば、日本社会の成員のほとんどがカタルシス世代になり、カタルシスはあちらこちらで発散され、安全な社会などもはや望みようがなくなる。

# 第四章　教育エネルギー非効率文化

## 教育エネルギー保存則

もちろん、ここで物理学におけるエネルギー保存則を厳密に論じるつもりはない。問題として提起したいのは、入試制度が国民に消費させている教育エネルギー（勉強＋費用＋時間）の総量が、保存されているとしたら、保存されているそのすがたと、拡散されるのであれば、その拡散の仕方である。

一人の子どもが勉強のために消費する教育エネルギーの総量がその子どもの幸福や社会の発展の実現というかたちで保存されているのなら問題は生じないであろう。具体的には、消費量にみあうだけの知恵や知識や思考力が身についていれば保存状態はよし、みあうだけの幸福を得ていれば保存状態はよし、そして社会の成熟と発展に還元できていれば保存状態はよしということになる。

しかし、日本社会の現状を見るに、どう考えても教育エネルギー保存則が健全に機能しているとは思えない。たとえば、幼児期の子どもが自己創造のために必須の遊びをとりあげられて学習ドリルをさせられるエネルギーは、放課後あるいは夜の塾通いのために消費するエネルギーは、睡眠時間を削って行う受験勉強のためのエネルギーは、これら余分の教育費を支払うために親たちが消費する労働エネルギーは、こういうエネルギー等はどういう形で保存されるのか、という疑問である。

誰でも自分が仕事したぶんの見返り（消費エネルギーの返還）を求めるのが通常の心理である。勉強だってエネルギーを消費する仕事である。勉強した時間や量に対する見返りとは、成績があがるとか、希望の学校へ入れるとか、何らかの資格を取得できるとか、安定企業に就職できるとかである。これらが見返りのかたち、つまり教育に関する健全なエネルギー保存のかたちである。

では、保存されないということはどういうことなのだろうか。見返りがないということである。換言すれば、勉強のために消費されたエネルギーは当人の人生に保存されていない、つまり無駄になったということである。エネルギーのはかない浪費である。しかし、ほんとうにすべて消滅してしまったのだろうか。そんなはずはない。エネルギー保存則に則って、別のかたちとなってどこかに保存されているはずである。

その保存先の主な候補者として考えられるのが、入試制度が無ければけして存在しえない予備校等の教育産業の数々である。全国主要都市のたいていの駅前に高くそびえる商業的教育施設のビルを想像すれば、個人が消費した教育エネルギーのおもな保存先がどこかぐらいは想像にかたいというものである。

## 教育エネルギーの拡散

教育のためのエネルギーが適切に消費されれば、そのエネルギーはその子ども自身に保存され、子どもは見返りを得て幸福になる。したがって、幸福にさせてくれる親や学校という社会環境を拒否するわけがなく、登校拒否やひきこもりは起こりようがない。恨みも生じないから、親殺しや無差別殺人だって、そうめったに起きるわけがない。

では、教育エネルギー保存則が健全に機能しない入試制度のもとではどうだろうか。エネルギーが作用する仕方は一定ではなく〈変異・変形〉の発生が多くなると考えられる。物体の場合の〈変異・変形〉とは衝突する、振動する、回転する等を意味し、この場合、エネルギーは物体自体を変形させる仕事に消費され、物体が失ったエネルギーは外界に拡散されるというが、脳を持つ生き物である子どもたちの場合はどうだろうか。

子どもたちの場合の〈変異・変形〉とは悲観や挫折や絶望、ときには羨望や嫉妬をからめた優越、そして怨恨を意味すると、私は想像する。そうであるならば、そういう感情を覚えるこころつまり脳の何らかが変形して、脳が失ったエネルギーは外界に拡散されていることになる。以上はあくまでも仮説であるが、脳の何らかが物理的に〈変異・変形〉するという考え方は第二部「インターネット成育環境」で論じたことと合致する。次に抜粋済みのタイチャーの言葉の一部を再度挙げておく。

社会は自分たちが育てた子どもによって報いを受ける。極端なストレスは、さまざまな反社会的行動を起こすように脳を変えていく。しかし、これは本人にとっては〈適応〉なのだ。（本文92頁）

したがって、入試制度下における教育のためのエネルギーの多くは教育産業に保存され、一部は子どもの脳を〈変異・変形〉させるための仕事をしてから外界に拡散する。すなわち、たいていの子どもが勉強のために消費させられたエネルギーの総量は子ども本人には保存されず、しかも、勉強すればするほど子ども自身は壊されるということになる。

千差万別といえるほど多様な個体認知システム（こころ）が自己の居場所に意味を見つけて生きることができるためには、社会そのものに多様な価値観を公平に抱きかかえることができる容量がなければならない。しかし、残念ながら日本社会にはそんな容量はない。この容量を根元のところで最小に狭くしているのが入試制度である。

さて、子どもは親から何を期待されて生まれてくるのか？　わが子の幸せのため、ときにはわが子の幸せを自分のものとするため、親はわが子が幸せに生きていけるための素質をすべて備えて生まれてくることを期待する。この期待は、わが子が生まれてくるやいなや、わが子の未知なる素質を発芽させるためのエネルギーにとってかわる。子どもの成長をゆっくりと見守ってやれる容量の大きな社会における（教育）エネルギー消費ならば、そのエネルギーは子どもにとっても社会にとっても良い方向へ働くであろうが、入試制度は狭量である。

この容量の狭さは、たとえば、サッカー場のような出口が数箇所しかない競技場を想像したら理解できるはずである。その競技場に生み落とされた子どもたちは、より良い居場所に通じていると信じられている出口に我先に殺到させられる。殺到することが全目的だから、そこを無事に通過できるか否かなどという判断はあとまわしになる。将棋倒しで怪我をする、あるいは圧死するかもしれないなんてことを考える余裕がない。だから、個々的には多様な個体認知システム（こころ）の集団でありながら、日本人全体の認識は入試制度という強迫的な単一価値観つまり集団認知システムに振りまわされることになる。

さて、競技場に生み落とされた「こころ」のその後を見てみよう。念願の出口を無事に通過したこころは数少ないであろう。最初からあきらめて立ち止まったこころ、途中で転んだこころ、途中で踏みつぶされたこころ、立ちすくんだこころ、蹴落とされたこころ、踏み殺されたこころ、あるいは出口を間違えて右往左往するこころ……そんなこころばかりであろう。ちなみに、念願の出口を無事に通過した「こころ」が、自分が望んでいた居場所を得るという保証もない。なにしろ、出口の種類は偏差値という数値で定められ、何を学びたいとか、何になりたいとか、どういう生き方をしたいとかで定められているわけではないからである。

想像してみよう、無意味な競争のあとを。競技場には砂塵と熱風だけが残る。これらが一体となりつむじ風になり空にまいあがる。このつむじ風が、子どもを壊して外界に拡散されたエネルギーの残骸だと、私は考える。日本じゅうのあちらこちらで、このつむじ風がまいあがり日本の上空を覆いつくし、地上にそそがれる太陽光を遮る。この状態が、まさに日本の教育環境ではなかろうか。

## エネルギーの最大浪費は若者の自殺

一九九八年を境に三万人を超えた年間自殺者の数は、それ以後も増え続け、二〇〇三年には三万四千人に達した。驚かされるのが、日本の自殺率は、世界で上位十位のなかにあり、旧西側諸国のあいだでは一位だということである。しかも、日本人の死因の六位が自殺であり、二〇〇四年における二十歳代・三十歳代の死因のトップが自殺だということである。現に、「いのちの電話」への自殺相談数は四万五六〇〇件にのぼり、そのうち一番多い年齢層は三割の三十歳代だという。[毎日新聞二〇〇六年五月十日]

エネルギーの最大浪費は若者の自殺である。生まれ出た命が外界からのエネルギーを消費し、その消費エネルギーを体内に保存して成長していく。つまり人間という一つの個体はエネルギーの塊だと考えていいだろう。そのエネルギーの塊がこれから社会に向けて新しいエネルギーを創りだそうとする矢先に自ら命を絶つ。これ以上のエネルギー浪費はあるまい。

こうも言える。命を自ら絶つためにだけ、その命はエネルギーを消費し、そして保存してきたのだとも。この様相を社会の立場で見れば、日本の教育制度は国民に自らの命を絶たせるために（教育）エネルギーを消費させていることになる。

## 自殺エネルギーへの変換

自殺の原因として、おもに不況によるリストラ等経済的困難や疾病がとりあげられ、その数は不況の指標として見られているようであるが、その原因が不況だけでないことは、次の「自殺にいたる背景」が説明している。（ウィキペディア《Wikipedia》は信頼性に関して疑問があるという説があることは知っているが、私は左記の内容と同意見なので抜粋する）

経済、政治的にその混乱と困窮の度合いがあまりにも高い国では、自殺はあまり見られない。生きることにまず最大の関心が向けられているからである。また、経済的に拡大途上にあり、様々なチャンスの多い国でも少ない。自殺が多いのは、元は経済的に豊かであったのが、不況になり失業や就職難が深刻になったとか、他人の幸福を目の当たりにしながら、自分だけがそれに手を伸ばすことができないといった絶望的な状況にあるなどの国々である。…中略…こうした国の経済、社会、文化、宗教などでの違いは見られているものの、自殺の大きな要因として近年あげられるのは、うつ病などの精神疾患との因果関係である。…中略…このような精神的危機の背景には、激しい競争社会や、低い自己評価に対する否定的な感情、家庭、職場での困難などの複数の要因がある（https://nlp.cs.nyu.edu/meyers/controversial-wikipedia-corpus/japanese-html/main/mai...2018/11/09）。

右記の自殺が多い国の条件のうち、日本社会にあてはまる確実な要因が二つある。

①日本はチャンスの少ない国である。もちろん、どんなチャンスでもよければ少ない国とはいえないが、学び直して真に自分の好きな職につくというセカンドチャンスは入試制度によって閉ざされている。人生のやりなおしの機会は皆無に等しい。

②いままで論じてきたように、日本は入試制度をコアにした競争社会である。この競争社会に生まれおとされた子どもたちは勝者になれるときはいいが、敗れればその責任を自分のせいにする傾向にある。低い自己評価しかもてないから、精神的困難にであったとき否定的な感情に支配される。

さて、むかしまだ日本が貧しかったころの人々の第一の関心は生きることにあった。物がそんなにあふれていなかったから、生きるための品物が最低限あればよしとフラストレーションもおきなかった。人々は幸福と向上を求めて、やみくもに必死に働いてきた。しかし、まわりに物があふれている環境で生きる現在の人々はどうか？　少なくとも最低限の水準で生きることはできるが、物は手が届く目の前にあるのに、手に入れることができないフラストレーションがおこる。人生のやり直しが簡単にいかない日本に生きる人々にとって、見えてはいても手に入らない物や生活は絶望の指標のようなものである。

そのうえ、日本社会では人生の失敗や挫折は努力不足と見なされるから、挫折者は挫折の非は自分にあるとして自分自身を責めることになる。これでは、自分を好きになれるわけがない。〈自分自身が好き〉は幸福感を覚える一つの重要な要素である［D・G・マイヤース&E・ディーナー（『日経サイエンス』一九九六年七月号）］。自分自身を嫌いになれば、こころの空疎は埋めがたくなり、最後には自分で自分を抹消することになる。

したがって、自殺者を減らすためには、日本社会を、チャンスの多い、こころが満たされ、そして個人の生き方に重点をおく社会にしなければならないということである。具体的にはどうしたらよいのかは、この章の終わり「適切な教育エネルギー消費とその配分」において述べる。

## エネルギー（富）の不平等分配

格差社会という言葉が市井に流れるようになって久しい。これを立証する記事が次である。

二〇〇二年までの一五年間に、所得格差の度合いを示す指標値「ジニ係数」が三十～四十代の男女で最大約三十％上昇したことが七日、厚生労働省の「所得再分配調査」のデータ再集計で分かった。［yahoo!ニュース－共同通信・五月七日十七時二四分更新］

所得格差の度合いを示す指標値「ジニ係数」とは何だろうか？　簡単に説明しておくと次のようなものらしい。

ジニ係数（Gini coefficient）とは、主に社会における所得分配の不平等さを測る指標であり、係数の範囲は0から1で、係数の値が0に近いほど格差が少ない状態で、1に近いほど格差が大きい状態を示す。目安としては、0・2〜0・3（市場経済においては0・3〜0・4）が通常の値といわれている。なお、0・5を超えると格差が大きく社会の歪みが許容範囲を超えるので、政策などで是正することが必要とされる。

［フリー百科事典 Wikipedia］

分かりやすく言えば、所得上位二五％の層が全所得の七五％を占めている状態で、ジニ係数は0・5になるという。逆に言えば、残った二五％の所得を七五％の人々で分けている状態である。

厚生労働省発表によれば、最新（二〇一四年）のジニ係数は0・5704で、所得格差を埋める仕組みが累進課税や社会保障であり、これらを含めた再分配後の係数は0・3759だそうである。

今の日本社会を見るに、再分配後の数値よりも、0・6にまで近づいた再分配前の数値のほうに現実味がある。所得格差を埋める仕組みに累進課税や社会保障があるとは言うが、たとえば、アルバイトで生計をたてているような人々には、社会保障など無いに等しく、くわえて、低所得層にとって、日々の生活を脅かすのは累進課税うんぬんではなく、逆進税の消費税である。

## 中央集権保全エネルギーとして集結

日本社会に生まれ落ちてきた子どもが自己の居場所を見つける過程に視点をあてれば、彼らの居場所を点数評価するための〈多勢の識別〉が偏差値であり、それを支えているのが入試制度である。子どもは誰でも大人になるという事実に視点をあてれば、入試制度は、単に子ども時代の居場所だけではなく、大人になっての居場所さえをも〈多勢の識別〉をもって機能させる。この〈多勢の識別〉となる大人社会における基準はおもに学歴や職種、職地位という社会的地位である。したがって、入試制度は日本社会に住む成員すべての〈こころ〉に〈多勢の識別〉を強制するための社会的エネルギーとして機能していることになる。

しかも、第二章〈タテ認知システム〉において論じたように、高学歴取得者や社会的地位の高い者には、社会の尊敬が無条件的に集まるようになっているために、精神や道徳に対してさえも、〈多勢の識別〉が大手をふるうことになる。どういうことかというと、肩書きや社会的地位でその人の精神や道徳までも高いところにあると自動的に判断されがちだということである。

このよい例が大分県の教員採用試験汚職である。この種の汚職事件はたまたま大分県で浮上したのであって、おそらくどの県でも多かれ少なかれ行われているはずである。誰某は金とコネで先生になったという噂ばなしは、誰でも一度ぐらいは聞いたことがあるだろう。そしてもう一つ、私が最もあげたい例はセンター試験の国語問題文である。名門大学の教授が書いたというだけで、寝言のような文章はさも高尚な難解文として装わされてきた。私がそのことを指摘しても、某新聞社の社会記者は「そんなことは記事にならない」とさらりと言った。

これらの出来事こそ、日本社会に〈多勢の識別〉が大手をふっていることの証拠である。教員採用に金とコネが絡んでいるという噂を聞いても悪いこととは思わせない日本社会のありさま。大学教授が書いたというだけで正当文として通用させる日本社会のありさま。すなわち、高学歴取得者や社会的地位の高い者が、それにふさわしくないことをしても、告発等がない限り、〈多勢の識別〉によって社会から許されるのである。

「誤」が強権によって「正」としてまかりとおる不合理・不公平社会、これが内から腐りだしている日本社会の真の姿である。この腐敗の大根は何処にあるのかと考えたとき、絶対公正が求められる教育世界においてさえ、「誤」が「誤」として浮上しえないのであるからして、それは教育にあるとするのが妥当である、と私は考えざるをえないのである。

いや、こうも言える。「誤」を「誤」として浮上させないように国民を受験戦争にかりたて、他のことには目を向けないようにしとけば、「誤」が「誤」として浮上することはない。だから、中央官庁（国）という意思決定組織にとって入試制度は国民を統括・管理（マインド・コントロール）できる非常に良いシステムであると。

知力は人間がもつ能力の一つにすぎないのに、入試制度という社会的強制力をもって知力（成績）のみに重点をおく。その結果、知力が万能、学歴が万能という〈多勢の識別〉偏見が日本社会にはびこる。この〈多勢の識別〉が、おうおうにして一部の子どもたちを権威主義的パーソナリティの持ち主にしてしまい、おのずと〈多勢の識別〉の影響力は衰えない。

受験戦争に勝ち、学歴権威主義社会の上層部で生きている個体認知システムの多くは、権威主義的パーソナリティの持ち主である可能性が高いと同時に、教育エネルギーを自身に保存することができた数少ない幸運者である。したがって、この幸運者で構成される中央官庁という意思決定組織は教育エネルギーの集結・保存場所だとも言えるのである。この巨大なエネルギーはおうおうにして自分たちの権威・権力保全と幸福のため、つまり中央集権保全のためだけに使われる。

この組織の成員はけして入試制度を否定しない。いや、否定するどころか、重要な既得権として頑強に保持するだろう。何故なら入試制度そのものが彼らの外面的優越性を立証するからであり、入試制度の否定は彼ら自身（ステータス）の否定でもあるからである。そして、「誤」が「誤」として浮上しないように、彼らの外面的優越性を自動的に護るのもまた〈多勢の識別〉である。

ちなみに、「識別」という言葉は和英辞典でひくと「ディスクリミネイション／discrimination」である。「差別」という言葉でひいてもディスクリミネイションである。そして、人種差別の差別も「(racial／人種の discrimination」である。単民族の日本社会には人種差別はないが、偏差値による差別があるという意味で、私は「識別」という言葉をあえて使用した。

彼ら自身を護り、彼らが属する意思決定組織を護り、中央集権システムを護るためにも、その組織のなかに次の〈①〜⑧〉とは逆のパーソナリティの持ち主が入ってきてもらっては困るのである。成員はみな一律に権威主義的パーソナリティの持ち主でなければならない。このパーソナリティを育成する手っ取り早くて確実な手段が入試制度なのだから、彼らにとって、入試制度は必須なのである。

ちなみにE・フロム（Fromm）によると、権威主義的パーソナリティは次のようなものの考え方や行動傾向をふくんでいる、といわれます（『自由からの逃走』日高六郎訳／創元社／一九五一年）。

①人間を上下関係の中に位置づけ、その中で優劣を決めようとする考え方
②弱い者への攻撃と強者への服従（サド・マゾヒズム）
③優劣を一般化する考え方（たんに「より強い」ということを、すべてのことに優れているものとして、すり替えて考えること）
④力にたいする渇望（それを利己的に、かつ冷酷に行使すること）
⑤強い敵意と憎しみを含む考え方
⑥他人を判断するにさいして、その人の人格によらず、肩書きや財産、生まれなどによって判断する傾向
⑦「あれかこれか」式の判断（二価的判断）と、紋切形（ステレオタイプ）の思考
⑧人間を道具視する傾向

（『こころの教育十四章』伊藤隆二／日本評論社／154頁）

## ＩＴエネルギー環境

現代はＩＴ（information technology／情報技術）社会、つまり、この技術をもって、個々のコンピューター通信ネットワークが相互に結ばれ、電子メールや情報が世界的規模で飛び交っている社会である。このネットワークを通じて飛び交う目に見えない電子はエネルギーを帯びているだろうし、ネットワークを動かしているのもエネルギーであろう。すなわち、現代人の環境はかつて無かった新しいエネルギーに囲まれていると言っても過言ではない。

マクロ（macro）やミクロ（micro）の世界そしてインターネットからの情報は、その存在を映像のなかに見ることはできても、触れて確認することはできない虚像である。ネットワーク上の情報や、差出名も宛名もない見知らぬ人からのイーメール攻撃等と、ＩＴ社会に生きる私たちは好むと好まざるとにかかわらず、無秩序にとびかう過多気味の情報エネルギーに囲まれている。しかも、情報技術の進歩は日進月歩というすさまじさである。油断していると、実体との区別がつかないほどに、虚像の世界が私たちの日常生活に入りこむことになる。

すなわち、現代人は触れることはできないが見たり聴いたりはできる新しい環境を手に入れたということになるが、この手に入れた環境こそが、まさに第二部で論じたインターネット環境そのものなのである。

現代のようなＩＴ社会でなかった時代の人々をとりまく環境は狭く、その狭い環境のなかに映る自分自身の姿は、一部の特権階級を除けば、周辺の人々とそう大差はなかった。しかも、社会における自己の存在意義は、直接であれ間接であれ生産に関わることができた時代の産業構造が支えてくれた。すなわち、社会のどこかに自分の居場所を見つけることができる相互作用的参加型社会だったのである。

ところが、現代はどちらかというと、テレビあるいはオンラインのスクリーンから世界の情報が人々の感覚世界に強制的に入ってくるが、「触れあい」という相互作用的参加ができない時代である。つまり受信情報の正否を確認することもなく、すべてを正として受信してしまいがちだということである。しかも触れて確認することのできない過多気味の情報は往々にして部分的かつ誇張的という側面をもつ。部分的かつ誇張的情報をそのまま鵜呑みにしたとき、何がおきるのか？　過渡の固定観念や嫌悪感が発生する。あるものに対する過度の固定観念や嫌悪感もコンプレックスという言葉で表現できると述べたが、その存在が巨大になると、社会全体に過度の固定観念や嫌悪感が蔓延し、社会の姿を変えてしまう。

たとえば、41頁ですでに述べている小泉劇場である。端的に言えば、過度の固定観念と嫌悪感を国民に植えつけたのが、テレビ画面を劇場にした小泉劇場である。もともと一般市民は社会から優遇されている議員や公務員に対してコンプレックスを持っている。そのコンプレックスを刺激したのが、小泉が放った「自民党をぶっつぶす」や「聖域なき構造改革」という言葉である。構造改革に反対する議員や官僚たちを「抵抗勢力」と呼び総選挙を戦う模様が連日連夜各局で放映された。まさに部分的かつ誇張的情報の垂れ流しであった。その結果何が起きたかというと、郵政民営化は正しい、構造改革と名がつけば何でも正しいという固定観念の蔓延であり、郵政民営化に反対する議員や人々に対する嫌悪感の蔓延であった。これら固定観念と嫌悪感は与党に衆議院における三分の二以上の議席を与えてしまったのである。

くわえて、最近の研究が、映像メディアやゲームはコカインや覚せい剤と同様に脳内のドーパミン放出量を増加させ、前頭葉の成熟へと影響を与えている可能性を示唆している（『脳内汚染』岡田尊司／文藝春秋）ことからも、ＩＴ環境を考慮に入れずにして教育は語れない。もちろん、ドーパミンは達成感や意欲にも関係する物質であるから、適切な刺激による適切量のドーパミン放出は必要であることは言うまでもない。

問題なのは、前頭葉は定型的反応様式では対応できないような状況において、状況を把握し、それに対して適切な判断をくだし、行動を組織化する役割を果たすと考えられている重要な脳の領域だということである。その領域が発達過程において何らかの悪い影響を受けるとしたら、ＩＴ環境による教育環境の汚染は見過ごせないということになる。子どもたちを含めた現代人はＩＴ社会に日々生きているわけであるから、多かれ少なかれ日常的にドーパミン汚染されていることになるが、特に問題視されなければならないのは、脳が育つ成育期間における汚染である。

かといって、表現の自由は保障されなければならないから、法律等で情報の規制をするべきではない。では、どうしたらよいのか。この疑問に対する答えは、私たちが情報をどのように受けとっているかを考えたら容易に分かるはずである。情報受信とは、脳が見て聞いて、そして触れることから、脳がその情報を的確に**認知・認識**することである。見たり聞いたりするだけでは的確な情報受信とはなりえないということは、すでに第二部で論じている。

押したら押し返される、問うたら問い返される、見つめたら見つめ返される、笑いかけたら笑い返される、これらが実体の世界における触れあいである。押し返されたら、また押し返すことができる。問い返されたら、答えることができる。見つめ返されて、笑い返されたら、そこから会話が生じ、人と人との交流がはじまる。交流の過程で自分と相手のアイデンティティを相互確認しながら、自己のアイデンティティが確立していくのである。アイデンティティの確立は自分の居場所を見つけるための第一歩である。

ボールを投げたら、そのボールを投げ返してくる人間がいることと、腕を空で振ったのち、虚像がボールを打ちかえす画面を見るのとでは雲泥の差がある。虚像とは交流も会話も生じない。こんな環境で育てられたら人間であっても人間として育つわけがない。虚像相手では人間としてのアイデンティティが確立しようがないからである。

だからこそ教育の有りようが重要なのである。脳が致命的に情報汚染されないための抵抗力を養うのは成育期における教育以外のなにものでもないからである。世のなかがますます虚像だらけになろうとする現代、虚像にまどわされない、つまり虚像であることを認識できる脳を育てなければならないのである。ゲーテも羽仁五郎も、現在の世のなかに適合するように教育することは間違いであると言っている。けして、ＩＴ社会に適合するような子どもを育ててはならない。

## 適切な教育エネルギー消費とその配分

ここでは、学歴等どういう条件下にある若者がフリーターへの道をたどるかは問題にしない。バブル崩壊後の経済政策の是非もここでは問題にしない。何故なら、生れ落ちた環境、育つ環境、そして人生のありようは、ひとりひとり違うからであり、景気は循環する性質ゆえに、人は一生のうちに好景気も不景気も経験するのが普通だからである。

問題にするのは、人生をやりなおすことが容易である教育体制や社会体制が、日本に整っているかということである。フリーターになる原因は個人によっていろいろあるだろうが、たとえフリーターになったとしても、フリーターをやめたいと願った個人が、フリーターをしながらでもセカンドチャンスをつかむために学びなおすことができる教育体制が日本にあるかどうかである。そして年齢や性別を雇用条件としない社会体制が日本にあるかどうかである。

これらこそが、所得格差を埋める仕組みとして、所得再分配の方法として、最も有効な社会保障である。個人の努力を社会がサポートするシステムである。そのためにはこの本のタイトルでもある入試制度を廃止し、高等教育までの教育機会均等制度を導入することである。教育の理念を「誰も排斥しない」とすることである。したがって公教育は基本的には無償でなければならない。

そして、学問を雲の上のどこか高いところへ置くのではなく、学問と職業を連結させること。職業訓練課程の充実と、補償教育の徹底、つまり、基礎学習能力を高めるための補習授業等の実施である。もちろん、教育には社会保障の一環として、大幅に税金が投入されなければならない。

個々のこころやそれを囲む家庭環境や社会環境はそれぞれ異なるから、前段落で述べた入試制度廃止等だけで、すべての問題が百パーセント解決するとは思わない。しかし、教育は人の幸福を左右する基本であり、経済、政治、国のありようを左右する基本中の基本である。社会が病み、その社会の成員の多くが幸福でなくなりつつある今、何をおいても最初に手をつけなければならないのは教育改革である。

入試制度を廃止し、教育から他者との比較を排除し、個々がもつそれぞれの特性を認めてさらに伸ばす教育を実施し、学歴がすべてという単一的認知システムから日本人を解放する。そうしたら、日本人から無用の劣等コンプレックスが消えていくはずである。いままで抱かされていた劣等コンプレックスが偽りだと日本人が気づきさえすれば、優越コンプレックスの偽りの優越性は砕けて散ることになる。名門大学卒業生や官僚たちの口から「自分は選ばれた人」などという虚言は発話されなくなるだろう。

加えて、学びの目的から入試突破を排除すれば、おのずと教育法も思考力重視へと変わってゆく。思考力を持った一般市民が社会のありかたに目を向けて、一票をもって政治に参加するようになれば、中央集権のピラミッド的虚像もいずれ崩れてゆく。

「続・入試制度廃止論」は前段落で了とする。ここからは後書である。米国留学から帰国して十六年、この論を拙ホームページに載せてから十年という歳月が流れている。十年一昔というが、私の米国滞在時は大昔になってしまった感がある。この時の流れを実感させられたのは、(「仕組まれた経済・格差拡大の理由」Joseph E. Stiglitz／[日経サイエンス2019　05]) を読んだときである。先進国で経済的不平等が最大なのは米国だと言っているのである。

一般的なイメージとは逆に、米国は他の先進諸国よりも機会均等ではなく、その状況は悪化している。……中略……機会均等が損なわれつつあるのは、主に高等教育にかかる費用が高く、経済的不平等に

落ち込んでいることによる（本書54頁）

この悲惨な状況を招いたのは自然法則ではなく、人間が作り出した法則だ。市場は真空中に存在しているのではなく、ルールと規制によって形作られ、それらの規則はある集団が他よりも有利になるように設計されうる（本書52頁）

解決策の一つとして、「監督官庁の役人が規制にあたっていた当の業界に天下って働くという流れを止めることも不可欠だ。さらに、より高率の累進課税と、奨学金の返済で破産する心配なしに多くの人が大学で学べるように国費による質の高い公教育が必要だ（56〜57頁）とスティグリッツは言う。病んだ社会の治療法はこれしかないと、私も思う。

私が米国に滞在していた歳月は五年ぐらいではあるが、日本とは違うシステムや文化というものを多く見聞きしてきた。それら米国で見聞きしたもの——いいとか悪いとかではなく——が、帰国後、日本社会にあっというまに浸透し、ほとんどとは言わないが、多くのものが米国と同じシステムや姿になった模様を目撃してきた。たとえば、インターネットの普及、データ—管理システム等のＩＴ環境。身近なものでは、ショッピング・モールや映画館の姿、バカげたテレビ番組、あれえ…これはあの番組の模倣かもというものまでも含めて、日本社会はスポンジのように吸収してきた。格差社会を生む邪悪システムさえも。しかし教育制度だけは頑固として吸収しようとはしない。

いつの時代も、社会の富や恩恵（エネルギー）はすべての人々に平等に分けられるわけではない。だからこそ、社会へのスタートラインに立つための準備つまり教育の機会は平等に与えられなければならないのである。最後に『入試制度廃止論』の表紙裏に書いた言葉を載せて、この本を完結する。

「日本社会は
花のつぼみ（子どもが潜在させる能力）のすべてを
開花させることができる
土壌でありたい」

＊入試制度に代わる教育システムはシラバス方式（http://www13.plala.or.jp/taekosite/newpage24.html）を参照。

**横山 多枝子**（よこやま　たえこ）

1948年静岡県三島市に生まれる。1997年渡米。1999年ワシントン州Skagit Valley College卒業。2001年ユタ州Brigham Young University（言語学）卒業。2003年センター試験国語出題文の検証を開始。2006年ブログにて「自民党新憲法草案の検証」「教育基本法特別委員会質疑応答と野次」を連載。2008年「続・入試制度廃止論—認知心理学基軸—」をHPにて発表。著作に『入試制度廃止論』（自費出版、2002年）、『論文読解とは推量ゲーム？』（自費出版、2004年）、『日本語を教えない国日本』（せせらぎ出版、2005年）。

続・入試制度廃止論　—認知心理学基軸—

2019年 5 月15日　発行

著　者　横山多枝子

発行者　山崎亮一

制　作　せせらぎ出版

〒530-0043　大阪市北区天満 1-6-8 六甲天満ビル 10 階

TEL. 06-6357-6916　FAX. 06-6357-9279



せせらぎ出版ホームページ　http://www.seseragi-s.com

メール　info@seseragi-s.com